Raphaël Gnally-a-Tiepe Jeku

Les sacrements

Raphaël Gnally-a-Tiepe Jeku

Les sacrements

La croisée des chemins de Dieu et des humains

Éditions Croix du Salut

Impressum / Mentions légales

Bibliografische Information der Deutschen Nationalbibliothek: Die Deutsche Nationalbibliothek verzeichnet diese Publikation in der Deutschen Nationalbibliografie; detaillierte bibliografische Daten sind im Internet über http://dnb.d-nb.de abrufbar.

Information bibliographique publiée par la Deutsche Nationalbibliothek: La Deutsche Nationalbibliothek inscrit cette publication à la Deutsche Nationalbibliografie; des données bibliographiques détaillées sont disponibles sur internet à l'adresse http://dnb.d-nb.de.

Coverbild / Photo de couverture: www.ingimage.com

Verlag / Editeur:
Éditions Croix du Salut
ist ein Imprint der / est une marque déposée de
OmniScriptum GmbH & Co. KG
Heinrich-Böcking-Str. 6-8, 66121 Saarbrücken, Deutschland / Allemagne
Email: info@editions-croix.com

Herstellung: siehe letzte Seite /
Impression: voir la dernière page
ISBN: 978-3-8416-9876-6

Raphaël GNALLY -a- TIEPE Jeku

LES SACREMENTS
LA CROISEE DES CHEMINS
DE DIEU ET DES HUMAINS

Je dédie ce livre
à mon cher Mgr Paul DACOURY-TABLEY,
Évêque émérite de Grand Bassam en Côte d'Ivoire.
Un homme de culture, d'ouverture et d'esprit universel.

INTRODUCTION

A travers toute la Bible, du début jusqu'à la fin, Dieu se présente comme Époux : Époux de l'humanité, de son Peuple, de tout être humain créé mâle et femelle (Gn 1, 27). « Celui qui a l'épouse est l'époux » (Jn 3, 29). L'image de Dieu Époux entraîne celle du Dieu de l'alliance : Une alliance à conclure avec l'humanité, avec son Peuple et avec tout être humain qui est à la fois individuel et social, et fait pour la vie qui ne finit pas. Il faut avoir toujours à l'esprit les deux dimensions fondamentales et constitutives de l'être humain - individuel et social - aujourd'hui comme hier, de tout temps et de tout lieu. En langage religieux, nous parlerions de la double dimension verticale et horizontale de l'être humain. Dimension verticale : Tout être humain est fils ou fille par rapport à Dieu. Dimension horizontale : Tout être humain est frère ou sœur par rapport aux autres humains. Tout sacrement de la foi dans l'Église du Christ comporte également une double dimension individuelle et sociale ou communautaire ou ecclésiale.

L'être humain, créé à l'image de Dieu, est fait pour la vie. Le Sage d'Israël méditant sur le sens profond de la vie humaine affirme précisément ceci : « Dieu a créé l'homme pour une existence impérissable, il a fait de lui une image de ce qu'il est en lui-même » (Sg 2, 23).
La vie est relation, communication, communion, alliance, amour, sortie de soi vers autre que soi-même. En outre, la notion de Dieu-Epoux implique l'idée de proximité, d'intimité, d'intériorité, d'habitation, de pénétration, de demeure de Dieu dans le fidèle et vice versa. A la suite de Annick de Souzenelle, je dirai que la vocation de l'être humain consiste à être l'épouse (Isha) de Dieu[1]. Dieu habite les cœurs de ses fidèles. Dieu est à la fois au-dedans et au milieu des humains. C'est cette riche et complexe réalité qu'exprime le sacrement de l'Eglise. En effet, le sacrement, comme nous le définirons plus loin, n'est pas un rite ou un geste « en soi », mais un processus, un parcours, un chemin par lequel nous entrons en relation et en communion avec le Dieu trinitaire, le Père, le Fils et l'Esprit Saint, et aussi avec nos frères et sœurs. Le sacrement est un moyen de communication avec Dieu et avec autrui.

Nous n'étudierons pas dans cet ouvrage, l'un après l'autre, les différents sacrements de l'Eglise. Notre réflexion portera sur les sacrements en général. Ainsi ce sera une réflexion chrétienne à la fois globale et globalisante sur le thème sacrement. Qu'est-ce que le mot sacrement évoque comme sens ? Qu'est-ce qu'il comporte comme idée forte ? Tout cela nous aidera à élaborer un discours théologique sur les sacrements, c'est-à-dire à faire la théologie des sacrements.

Notre présente étude comprend quatre (4) chapitres répartis comme suit : le premier chapitre s'intitule "une approche de la notion de sacrement". C'est une étude anthropologique qui nous permet de cerner davantage ce que recouvre le terme sacrement appliqué aux sacrements de la foi catholique. Le deuxième chapitre traite de Jésus-Christ qui est sacrement de Dieu le Père, le sacrement source de tous les autres sacrements de l'Eglise catholique romaine. Le troisième chapitre présente l'Eglise comme sacrement de Jésus-Christ qui est parti mais qui est encore là par et en son Eglise missionnaire : « Qui vous accueille, m'accueille moi-même et qui m'accueille, accueille celui qui m'a envoyé » (Mt 10, 40). Enfin, le quatrième chapitre parle du problème des sacrements de l'Eglise Catholique romaine. Pourquoi le chiffre Sept (7) ? Comment l'Eglise a-t-elle pris conscience de ces sacrements ? Comment le Seigneur rencontre-t-il son Eglise et celle-ci, son Seigneur ?

---

[1] De SOUZENELLE, A., Va vers toi. La vocation divine de l'Homme, Paris, Albin Michel, 2013, P. 58.

Ce présent ouvrage est né de la session que j'ai faite aux frères et sœurs en Christ de la communauté du Chemin neuf de Liboli (Grand-Lahou), en Côte d'Ivoire, en Mai 2011, sur le thème suivant : « Histoire et théologie des sacrements ». Après la session de Liboli, j'ai fait d'autres causeries sur le même thème à des groupes de réflexion et de partage de l'Evangile, en paroisses, par-ci par-là ! J'écris ce livre dans le but de partager le fruit de toutes ces réflexions avec mes frères et sœurs en Christ, qui désirent approfondir leur connaissance de Jésus-Christ, de son Eglise et de ses sacrements.

La nouvelle évangélisation consistera à redécouvrir et à discerner les nombreux signes de la présence de Dieu dans le monde d'aujourd'hui, à les montrer et à les apprendre aux hommes et femmes d'aujourd'hui, à se les (ré)-approprier et à les vivre dans le quotidien de notre existence humaine et sociale, en vue de demeurer en contact permanent avec notre Dieu incarné.

Pour discerner les signes de la présence du Dieu incarné, la lumière de la foi est capitale et nécessaire. Il faut en être éclairé. Invoquons sur nous l'Esprit de lumière, d'intelligence, de connaissance et d'adoration, et Dieu nous aidera de sa grâce.

Je souhaite une bonne méditation à tous et à toutes.

CHAPITRE 1 : UNE APPROCHE DE LA NOTION DE SACREMENT

Ce chapitre nous permettra de saisir et de comprendre davantage ce qu'on entend par le terme de sacrement appliqué aux sept (7) sacrements de l'Eglise Catholique.

1.1- Sens du mot sacrement
Le mot français sacrement vient du latin sacramentum lequel est traduit en grec par Mustêrion, (=le mystère). Voyons ces deux mots.

1.1.1 Sacramentum
Selon le dictionnaire latin – français[2], le mot sacramentum signifie serment militaire. Ex : enrôler au moyen du serment prêté au consul ; s'engager par serment ; prêter serment à son chef et à l'empereur.

D'après le dictionnaire Petit Robert[3], le mot serment signifie affirmation ou promesse solennelle faite en invoquant un être supérieur ou un objet sacré, comme gage de sa bonne foi ; engagement solennel prononcé en public.

Voilà ce que signifie le mot sacramentum : engagement, serment. C'est cette notion d'engagement par serment qui a fait que Tertullien parle du baptême en terme de "Sacramentum." Le baptême est « l'engagement envers Dieu d'une bonne conscience » (1P 3, 21). Le sacramentum signifie un engagement sacré.

1.1.2 Mustêrion
Nous traduisons le mot mustêrion par le mystère.

En français, un mystère, c'est quelque chose que l'on ne peut pas connaître. C'est une chose cachée, secrète et inaccessible à la raison humaine.

En grec, le "mustêrion" signifie ce que l'on peut connaître d'une réalité qui, par ailleurs, est inaccessible. Par exemple, un dogme révélé, inaccessible à la raison humaine : le mystère de la Trinité, de l'Incarnation, de la Rédemption.

L'Apôtre Paul, dans ses lettres, emploie le terme « mystère » pour désigner la révélation plénière et définitive du plan de salut de Dieu aux humains. En ce sens le mystère signifie le « voilé est dévoilé », le « méconnu est connu ».

Le mystère chrétien, c'est le Christ lui-même « manifesté dans la chair, justifié par l'Esprit, contemplé par les anges, proclamé chez les païens, cru dans le monde, exalté dans la gloire » (1 Tm 3, 16)

Le "mustêrion" signifie également rite, culte, savoir réservé à des initiés. C'est pourquoi le cardinal Villot affirme : le sacrement, comme sacrement de la foi, requiert une évangélisation préalable qui prépare la foi de celui qui va le recevoir pour qu'il soit en mesure de le comprendre, de le vivre, de le traduire dans la réalité. (Lettres aux conférences épiscopales d'Amérique Latine (CELAM), in « Osservatore Romano, 16 Août 1977 »).

Le mot « mustêrion » implique la notion de voilé /dévoilé ; caché/manifesté ; inconnaissable / connaissable ; inconnu / connu ; lointain / proche.

Le mot sacrement se rapproche du mot symbole qui unit le proche et le lointain.

Voyons ces deux termes au n° 1. 2.

---

[2] Félix GAFFIOT, 1936
[3] Le Petit Robert, 1987

<u>Dieu existe-t-il, oui ou non ?</u>

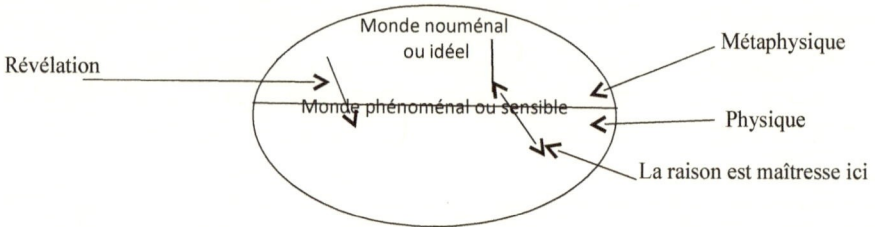

Révélation → Monde nouménal ou idéel / Monde phénoménal ou sensible — Métaphysique — Physique — La raison est maîtresse ici

En voici quelques réponses :

- Les Philosophes athées : nient l'existence de Dieu.

- Les Philosophes croyants : affirment l'existence de Dieu. Par exemple :

  - Pour Descartes : « Cogito, ergo sum : je pense, donc je suis ».
  Descartes affirme l'existence de l'homme – sujet – pensant.
  De l'homme – sujet – pensant, Descartes arrive à l'existence de Dieu : comme objet – Dieu – pensé.
  Sujet – je pensant / objet – tu ou il pensé.

  - Pour Kant : impossibilité de toute preuve scientifique de l'existence ou de la non – existence de Dieu.
  Kant part de l'homme comme être moral, et il postule l'existence de Dieu – non pour une nécessité théorique, mais pour une nécessité pratique – comme celle de l'être moral suprême et du Créateur du monde (H. küng, 1999, P.904).

- Pour le Judéo-christianisme : le Dieu d'Israël, qui est le Dieu et Père de Jésus-Christ, est un Dieu qui se dit dans l'histoire humaine, un Dieu qui est à la fois céleste et terrestre, lointain et proche ; transcendant et immanent ; invisible et visible ; éternel et temporel ; immortel et mortel.
Si Dieu est présent dans l'histoire humaine, cela implique qu'il y a dans ce monde visible, les signes visibles de sa présence. Lesquels ? À nous de les chercher en vue de le rencontrer.

En effet, Dieu n'est pas uniquement présent dans le monde supraterrestre, le surnaturel, ni dans une réalité cachée derrière le monde, la métaphysique, dans le monde idéel ou nouménal, mais aussi dans le physique, le naturel (ou la nature), dans le monde des humains, le monde phénoménal ou sensible. Il agit dans l'histoire et le temps humains.

¤ Pour l'homo religiosus : L'homo religiosus (l'homme religieux) croit qu'il existe une réalité absolue, appelée Dieu ou le Sacré, qui transcende ce monde-ci et qui s'y manifeste.

Aussi, faudra-t-il percevoir l'infini dans le fini, l'éternel dans le temps (le temporel).

Il faut trouver, dans le monde des humains, les traces et les signes de ce Dieu d'Israël. En effet, on peut faire l'expérience religieuse du Dieu d'Israël, on peut le connaître, si l'on s'accorde que l'expérience est une connaissance par l'observation des faits, des phénomènes. Le Dieu de la Bible opère des signes et des prodiges dans le ciel et sur la terre (Dn 6, 28). Israël fera, d'âge en âge, le mémorial des signes et des prodiges accomplis par Dieu et qui manifestent Dieu (Cf Ps 136 (135) ; Ne 9).

St Augustin : prône l'immanence de Dieu = Deus interius intimo meo = Dieu est intérieur à moi autant que moi à moi-même.

Saisir Dieu en soi-même : l'objet dans le sujet. Si Dieu a donné à l'homme la raison, la logique, le « bon sens » qui, d'après Descartes est « la chose du monde la mieux partagée », c'est bien pour s'en servir et en être reconnaissant. La raison est aussi une lumière à ne pas mettre « sous le boisseau » (Mt 5, 15). Il faut donc se servir de sa raison pour connaître Dieu, l'adorer et le servir. On pourra lire Rm 1, 18 – 32 ; Ac 17, 16-34, Sg 13, 1-9. C'est dire que par la contemplation des réalités visibles, l'homme doit s'élever vers la connaissance du Dieu créateur. Malheureusement, hélas, l'homme est radicalement incapable de parvenir par lui-même à la connaissance directe de Dieu : « Nul ne connaît le Fils si ce n'est le Père, et nul ne connaît le Père si ce n'est le Fils, et celui à qui le Fils veut bien le révéler. Personne n'a jamais vu Dieu ; Dieu Fils unique, qui est dans le sein du Père, nous l'a dévoilé » (Mt 11, 27 ; Jn 1, 18). Jésus de Nazareth, le Verbe fait chair (Jn 1, 14), se présente comme celui qui nous expliquera Dieu, son Père.

1.2. Sacrement et symbole

Le mot symbole vient du grec sun-balein : jeter ensemble ou mettre ensemble ou avec, rassembler. Son opposé est le dia-bolos, le diable = celui qui divise. Le mot "symbole" désigne une alliance qui lie, de l'intérieur, deux réalités. En effet, le symbole est un procédé utilisé dans l'antiquité par deux villages alliés. On casse en deux une pièce ronde en terre cuite et chaque village en possède une moitié.

Lorsqu'un village a un message à communiquer à son allié, il donne sa moitié au messager qui porte la nouvelle et si, à son arrivée dans l'autre village, la moitié que le messager tient, se "rassemble" bien avec l'autre, on est sûr que ce messager vient du village allié et n'est pas un espion[4]. Le symbole implique toujours le rassemblement de deux moitiés, dit G. Durand.

Le symbole relie deux réalités : une visible, l'autre invisible, mais qui sont liées comme les deux parties de la pièce cassée, comme le corps humain et les sentiments secrets intérieurs, comme le corps visible de Jésus et sa personne de Fils de Dieu.

Le symbole a pour rôle de lier (sun-balein) un geste ou un objet (visible) à un sentiment (invisible). Exemple : le cadeau (visible) est le symbole de l'amour (invisible).

Le sacrement, comme le symbole, comporte une face visible et une face invisible, et tient les deux liées.

Le symbole rapproche et fait tenir ensemble ce qui parait lointain. Il manifeste et (ré)-actualise la présence du (ou des) disparu(s). Ainsi, le symbole permet de surmonter la distance et l'oubli créés par la mort, par la disparition. Faites ici un rapprochement entre le symbole et les sacrements ou les signes de la présence de Jésus Christ disparu à nos yeux de chair, ou le *symbole des Apôtres* qui *« unit »* les croyants.

Le symbole implique également l'idée de renvoi à une autre réalité et de représentation. Ainsi, le symbole appartient à la catégorie de signe qui renvoie à autre chose. En effet, le signe est signe de quelque chose, au sens linguistique du terme : signe et réalité sont inséparables.

En d'autres termes, le symbole est toujours un signe de substitution, un signe de remplacement.

Le symbole apparaît comme « l'épiphanie d'un signifié inaccessible, dans un signifiant sensible. Celui-ci se trouve de la sorte élevé au-dessus de lui-même, pour un processus de rapprochement et de liaison et non pas d'analyse et de séparation. C'est pourquoi, dans le symbole, le signifié ne peut être saisi par la pensée, car il n'est pas donné hors de la médiation sensible »[5]

En paraphrasant Louis-Marie Chauvet, je pourrai dire encore que ce qui caractérise le symbole, c'est sa mise en relation avec l'ensemble auquel il appartient. De plus, l'élément symbolique re-présente l'ensemble du monde auquel il appartient ; mieux encore, il est, pour ainsi dire, ce qu'il re-présente. En effet, la fonction du symbole est de représenter le réel (dont il est le symbole), donc de le mettre à distance pour pouvoir le ré-présenter, c'est-à-dire le rendre présent à nouveau[6].

Pour cerner davantage le sens du mot sacrement, rapprochons-le du signe auquel il ressemble.

1.3.   Sacrement et signe ou sacrement–signe

Le signe, signum = marque, indice, manifestation au sens de ce qui démontre, prouve quelque chose.

Le signe comporte le signifiant (partie visible, sensible) et le signifié (partie invisible, abstraite)

⊃⟹   Signifiant /signifié (=réalité invisible)
        Symbolisant /symbolisé (=réalité invisible)
        Visible / invisible (=réalité invisible)

---

[4]BEGUERIE, Ph., DUCHESNEAU, C., Pour vivre les sacrements, Paris, Cerf, 2010, P. 75.
[5]MARTELET, Gustave, Deux mille ans d'Eglise en question. Crise de foi, crise de prêtre, Paris, Cerf, 1984, PP. 214-215.
[6]CHAUVET, L.M., Les sacrements. Parole de Dieu au risque du corps, Paris, Ed. Ouvrières, 1997, PP.87-88.

Si vous supprimez et jetez le signe, le signifiant ou le symbole et le symbolisant, vous supprimez et jetez du coup le signifié ou le symbolisé, c'est-à-dire la réalité invisible que l'on ne voit pas et que l'on n'atteint que dans et à travers le signe visible. Car, nous croyons à la Réalité ou à des réalités attestée(s) par des témoins vrais, véridiques et dignes de confiance. Ne jetons donc pas le bébé avec l'eau du bain. Le signe est l'absent présent, c'est-à-dire il rend présent l'absent. Ainsi, le signe est comme un mémorial, un signe-mémorial. Celui-ci n'est pas seulement un souvenir du passé révolu, mais une présence réelle et agissante de l'événement passé. Le signe-mémorial présentifie (rend présent) l'événement passé. C'est le passé présentifié. Cf Josué 4, 1-7.20-24.

Le sacrement est toujours quelque chose de visible et d'humain qui permet à celui qui a la foi de voir ou d'atteindre l'invisible à travers le visible et de faire l'expérience de la rencontre vitale avec le Dieu invisible.

En d'autres termes encore, le sacrement-signe est une réalité à double face visible et invisible. Les deux faces sont liées et inséparables, quoique distinctes. Le signe ou le signifiant est toujours signe ou signifiant de quelque chose. Il renvoie à quelque chose.
Par exemple, dans la liturgie, les signes visibles sont employés pour signifier les réalités invisibles. On voit la réalité invisible dans ou à travers le signe visible. Exemple : cierge pascal, croix, autel.

En conclusion
La fonction primordiale du signe est de communiquer quelque chose à quelqu'un, d'informer quelqu'un de quelque chose.
Le sacrement-signe est comme le Verbe incarné, une personne en deux natures humaine et divine, inséparables quoique distinctes et différentes l'une de l'autre.
Le signe-sacrement est comme un voile, un habit, un uniforme qui à la fois voile et dévoile la réalité.
Le mot sacrement ou sacrement-signe employé ici évoque le rapport d'une réalité visible à une autre réalité invisible, c'est-à-dire, le rapport signifiant/signifié, signe/réalité, réalité visible/réalité invisible, visible/invisible, (rapport) qui comporte une notion riche et féconde pour la compréhension et la recherche sur les sacrements ou les multiples signes de Dieu, de Jésus Christ, et de l'Esprit Saint, dans le monde d'hier et d'aujourd'hui. Tout est signe de quelque chose et nous renvoie à l'au-delà du tout visible. En outre, l'Église définit le sacrement comme un signe: Un signe-sacrement qui nous renvoie à un au-delà de ce que nous voyons et que nous faisons. Nous verrons ci-dessous sacrement, rite et temps.

1.4.   Sacrement, rite et temps
Le sacrement comporte des rites, signes, gestes, attitudes, et des paroles qui explicitent et rendent davantage manifeste et visible la réalité invisible. Voyons de plus près ce que c'est qu'un rite.

1.4.1   Qu'est-ce qu'un rite
Le rite dérive de la racine indo-européenne « R'tam » signifiant ordre, déroulement, programme, structure d'une cérémonie ou d'une fête. Le mot « ritus » désigne les cérémonies liées à des croyances qui se rattachent au surnaturel et les simples habitudes sociales et les us et coutumes d'un groupe social donné. Ainsi, le rite a pour synonymes : Coutumes, habitudes, pratiques, fêtes, cérémonies, liturgie, etc.

1.4.2. Le rite exprime l'identité du groupe
Toutes les sociétés humaines, tant primitives que modernes, ont des rites. Aucune société ne peut vivre sans rites. Pourquoi ? Parce que le rite est, par définition, un acte symbolique. Or, il n'existe pas de rapports sociaux sans actes symboliques.

Exemples : Pas d'amitié sans rite d'amitié. Pas de mariage sans rite de mariage. Le rite entretient les liens sociaux, renforce la cohésion sociale, suscite des fusions émotionnelles. Le rite est comme la mémoire du corps social. Il est un moyen de rendre effective l'appartenance à un groupe social donné.

Par le rite, l'individu s'approprie ce qui appartient au corps social. Ainsi, le rite est un des éléments qui fait l'identité du corps social. C'est pour cela que l'autorité qui a charge de l'unité du corps social devra s'occuper également de la maintenance du rite. De plus, on n'est membre à part entière d'un groupe social donné que lorsqu'on en acquiert les us et coutumes et les valeurs véhiculées. L'éducation et l'initiation à la vie sociale ont une grande place dans le processus d'intégration sociale.

Les rites sont accomplis au nom et dans l'intérêt de la société. Ils proviennent d'une tradition de la société. A tel point que refuser un rite, c'est rejeter la société dans ce qu'elle a de profond et de dynamique. Les valeurs et les normes transmises étant ainsi mises en cause, tout l'édifice social se trouve ébranlé et s'écroule. On comprend bien ici l'insistance de l'Apôtre Paul sur la tradition reçue des Anciens et de Dieu : « Moi, voici ce que j'ai reçu du Seigneur, et ce que je vous ai transmis : le Seigneur, dans la nuit où il fut livré, prit du pain, et après avoir rendu grâce, il le rompit et dit : « Ceci est mon corps, qui est pour vous, faites cela en mémoire de moi ». Il fit de même pour la coupe après le repas, en disant : « Cette coupe est la nouvelle alliance en mon sang ; faites cela, toutes les fois que vous en boirez, en mémoire de moi. » Car toutes les fois que vous mangez ce pain et que vous buvez cette coupe, vous annoncez la mort du Seigneur, jusqu'à ce qu'il vienne » (1 Co 11, 23-26). Le rite ou le rituel est reçu de la Tradition, c'est-à-dire des Anciens et des générations antérieures. En d'autres termes encore, on fait (ou on répète) ce que les esprits ou les divinités ou les voyants ont ordonné de faire, ou bien ce que les ancêtres fondateurs du groupe social ont fait et dit.

Dès qu'il y a un schisme ou une secte, il y a changement de rite et de calendrier liturgique. Prenons l'exemple du jour de repos et de culte : On passe du sabbat juif (septième jour) au dimanche chrétien (huitième ou premier jour de la semaine juive).

Le septième jour achève la première création. Le sabbat juif est le repos de Dieu au septième (7°) jour de la création. Le huitième (8°) jour est le jour de la Résurrection du Seigneur Jésus Christ et le commencement de la nouvelle création. Le dimanche chrétien ou le premier (1°) jour de la semaine ou le huitième (8°) jour est le jour-mémorial de l'événement pascal. Il est devenu jour chômé à partir de Constantin, au début du 4° siècle. En d'autres mots encore, dans le christianisme, le temps originel (ou originaire), est **le huitième jour** qui coïncide (ou se confond) avec **le premier jour** de la semaine juive. Nous y reviendrons plus loin, au chapitre 4.

Le rite est un acte social.

1.4.3. <u>Le rite est une célébration communautaire</u>

La célébration du rite actualise, tout au long du temps, les événements fondateurs de la société et la cohésion sociale, à plusieurs niveaux : familial, régional et national. Le rite n'est pas le fait d'un seul individu. C'est un acte social. Il est répété par les membres du groupe. C'est un fait collectif qui se signale par son allure stéréotypée. La répétition fait partie intégrante de l'essence du rite. Si bien que, un rite qui subit soudainement (sans préparation aucune) une modification trop grande, court le risque de perdre sa valeur et sa raison d'être. La rigidité du rite lui confère une importante particularité aux yeux du sociologue et de l'anthropologue.

Lié à la fois à la représentation de l'univers et à la représentation de la société, le rite est un document indiscutable et indispensable pour la connaissance d'un groupe social donné. C'est un antique document (=antiquum documentum) disent les Latins. Le rite dévoile ce qui est caché. Aussi, il faudrait étudier et analyser le rite et les paroles qui l'accompagnent pour connaître la société qui le pratique dans l'espace et le temps.

1.4.4. Le rite et le temps de l'origine ou du commencement

Le temps de l'origine, c'est le temps du Créateur, mieux, c'est le temps où ont eu lieu les événements déterminants : la création, la séparation des espèces d'êtres animés et inanimés, la faute originelle... Le temps originel est le temps archétype, le temps mythique, le temps primordial, qui sert de modèle à tous les temps. Il est différent du temps historique et humain qui est passé, présent et futur.

Le temps originel, c'est le temps du commencement, c'est-à-dire le temps où, par exemple, chez les Nuer du Soudan, les hommes arrivaient chez Dieu par une corde. Dieu et les hommes vivaient ensemble. Puis, l'hyène rompit la corde. C'est ainsi que les hommes furent condamnés à rester sur la terre et à y mourir.

Il en est de même chez les Dogon. Dieu créateur était proche des humains. Mais, des femmes, en pilant le mil, touchèrent Dieu avec leur pilon. Ce qui le gêna et provoqua son éloignement.

Le temps originel, c'est le temps où, chez les Bhete de la Côte d'Ivoire, le pouvoir était féminin. En effet, les femmes, possédant les armes, étaient détentrices du pouvoir politique sur les hommes. Mais, attirées dans un guet-apens et désarmées par les hommes, elles furent dépossédées du pouvoir lié aux armes. Dès lors, le pouvoir devient mâle dans le pays bhete de la Côte d'Ivoire.

Le temps originel ou du commencement, c'est le temps où, Osiris, devenu successeur de son père comme roi, attira la jalousie de son frère Seth (frère et époux de Nephtys), qui le tua, coupa son corps en petits morceaux et le jeta à la mer. Puis, Isis, sœur et épouse d'Osiris, parcourut le monde, ramassa les morceaux un à un et reconstitua le corps de son frère et époux Osiris, et celui-ci revint à la vie. A partir de ce jour-là, Isis, pour offrir la même chance à d'autres hommes, fonda le culte initiatique d'Osiris et d'Isis, c'est-à-dire le culte ou le rite de la victoire de la vie sur la mort[7].

Le temps originel, c'est le temps, pour ainsi dire, où les rites d'initiation furent enseignés aux hommes. C'est le temps paradisiaque perdu par la faute originelle. Alors, comment retrouver ce temps paradisiaque perdu et éloigné ?

Ce sera là le rôle du rite. En effet, le rite permet d'établir un lien, un contact, une communication et une communion, entre ceux qui le pratiquent et l'Invisible, le Sacré, les esprits, le (ou les) dieu(x), en bref, entre le ciel et la terre, c'est-à-dire entre Dieu et les humains. Le rite est et/ou serait né du désir humain de retrouver et restaurer le temps paradisiaque perdu et éloigné. Il faudra réactualiser ce temps originaire. C'est là le rôle essentiel du rite (qui est différent du ritualisme).

1.4.5. Le rite réactualise le temps originel

Le rite a été révélé par les divinités ou les ancêtres fondateurs du groupe social. Ainsi, chaque fois qu'on répète le rite, on imite le geste archétype des divinités ou des ancêtres.
En ce sens, le rite est la reproduction ou la répétition du temps originel. En d'autres termes encore, le rite consiste dans la répétition d'un acte archétype accompli **in illo tempore,** par les ancêtres ou les divinités. Ce qui s'est passé « un jour au commencement des choses » se répète sans cesse dans l'histoire humaine. L'acte cultuel participe au temps archétype qui est le modèle de tous les temps.
Un exemple d'illustration : Dans le rite d'initiation, l'initié reproduit le culte initiatique d'Isis et d'Osiris, c'est-à-dire il reproduit la vie, les souffrances, la passion, la mort et la résurrection d'Osiris. Il doit devenir Osiris, "un autre Osiris".

---

[7] MVENG, E., L'Afrique dans l'Eglise : Paroles d'un croyant, Paris, l'Harmattan, P. 45

Le rite renvoie donc à un « ailleurs », à quelque chose qui nous dépasse. Ainsi, le rite révèle que le modèle idéal se situe en dehors du temps, c'est-à-dire dans le temps primordial, originel, dans le monde mythique, milieu idéal non soumis aux vicissitudes du temps humain et historique.

L'origine produit le sens. Mais, elle le produit dans l'histoire. En d'autres termes, le lieu du sens se situe dans l'histoire et le temps humains et profanes. Et, la répétition du rite investit le présent de la même force « germinante » et germinatrice que constitue l'origine (le principe). Le temps mythique ou originel, est ainsi rendu présent ; il s'insère dans le temps humain et historique.

Un exemple d'illustration : Le rite de purification du village lors du décès d'une femme en couches dans le pays bhete de la Côte d'Ivoire. Les femmes chassent les hommes hors du village jusque dans la brousse, dans les champs. Ceux-ci déposent aux abords des chemins des canaris de bandji (boisson locale) pour les femmes. Ce jour-là, hommes et femmes sont séparés, comme dans le temps mythique et originel où les femmes possédaient les armes et étaient détentrices du pouvoir politique sur les hommes. L'aujourd'hui est le contraire de l'autrefois.

Le rite nous fait découvrir les distinctions suivantes : temps originel et temps historique ; temps sacré et temps profane. Nous allons nous arrêter sur ces notions dans les pages qui vont suivre.

1.4.6. Le temps sacré et la fête religieuse
Le domaine du sacré est dépositaire de toute puissance, de toute efficacité. Le domaine du profane est celui de l'impur, de l'insignifiance, du totalement dépendant.
Actualiser (réactualiser) le temps originel, l'insérer dans le présent qui s'écoule est le propre de l'acte cultuel ou rituel. La fête religieuse fait participer le temps profane au temps sacré.
La fête est religieuse dans la mesure où elle se justifie par **l'évocation du Dieu, des esprits et des ancêtres**, et se présente comme une ritualisation du temps primordial et originel du Créateur. C'est pourquoi, Dumézil définit la fête comme « le moment et le procédé par lesquels le **Grand Temps** et le temps ordinaire communiquent, le premier se vidant alors dans le second d'une partie de son contenu, et les hommes, à la faveur de cette osmose, pouvant agir sur les êtres, les forces, les événements qui emplissent le premier. »[8]
Le temps de la fête est un temps sacré, un temps mis à part. Le temps sacré, comme d'ailleurs l'espace sacré, est une condition pour que le rite maintienne la participation de l'homme au sacré. En effet, le rite pose le sacré à la fois comme séparé et comme permettant une participation. Le rite véhicule la mémoire de tout un groupe social. Il y a un lien étroit entre mémoire, fête et rite. Nous le verrons ci-après.

1.4.7. Mémoire, fête et rite
La mémoire est à la fois ressort de fidélité et enseignement permanent : Fidélité de Dieu à sa parole et à ses promesses. En effet, pour la tradition juive biblique, la mémoire suppose la fête qui entretient le souvenir de l'événement vécu et passé. Les célébrations rituelles (dont l'année liturgique juive est parsemée) animent le souvenir des événements bibliques, les rendent proches et immédiats. Les commémorations sont autant de remémorations. Elles permettent de revivre les événements passés ; elles visent la prise de conscience de ce qu'elles évoquent et mettent en scène. La mémoire d'Israël se nourrit du culte qui confère sa pleine signification à l'instruction du peuple des fidèles.
Ainsi, faire mémoire ou mémorial (=Zikkaron), c'est re-présenter, c'est-à-dire présenter à nouveau, rendre présent ce qui relève du passé et qui redevient alors actuel. C'est donc modifier la réalité telle qu'elle est donnée et introduire un élément autre, nouveau, bien qu'ancien.

---

[8] DUMEZIL, G., cité par CAZENEUVE, J., Sociologie du rite, Paris, PUF, 1971, P. 242

Exemple du rituel de la Pâque juive : Le rite de la Pâque juive ne consiste pas dans le simple rappel d'un fait passé. Il est un acte qui renvoie à l'acte salvifique de Dieu. Par le rite mémorial, l'événement de la nuit pascale est revécu, Israël passe à nouveau des ténèbres à la lumière, de l'esclavage à la liberté, de la mort à la vie (Cf Ex 11,10--12, 14).

Et comme le dit bien Jean Marie Le Guillou : « Le mémorial rappelle l'acte que Dieu a fait, qu'il continue de faire et qu'il ne cessera de continuer de faire. C'est le gage de son action passée, de son action présente, de son action future[9].»

Nous retrouverons ces trois moments importants, passé, présent et futur, dans les sacrements célébrés. En effet, tout sacrement renvoie à Jésus de la passion, de la mort et de la résurrection-élévation. Nous célébrons le mémorial de sa passion, de sa mort, de sa résurrection et nous attendons son retour glorieux dans le face à face avec lui. Tous les sacrements nous rendent contemporains de l'événement pascal (fondateur) de Jésus-Christ, le mort-vivant-élevé.

Ainsi, lorsque nous faisons, dans chaque célébration sacramentelle, le mémorial de la mort et de la résurrection de Jésus-Christ---l'événement fondateur et originel de notre foi et de notre salut (cf 1 Co 15)---Jésus-Christ, le mort-vivant-élevé, nous atteint, et nous aussi, nous l'atteignons directement ici et maintenant. De ce contact direct et réciproque résultent et découlent la vie, le salut et la grâce de Dieu en nous.

Il en est de même pour le mémorial « titε », c'est-à-dire la fête-de -la danse, chez les Bhete de la Côte d'Ivoire.

Le titε s'organise à l'initiative d'une personne qui veut rendre un hommage à un ami en reconnaissance d'un bienfait reçu de lui, ou qui veut témoigner sa sympathie à un beau-parent qui a perdu son père ou sa mère, ou encore à un ami qui est sorti indemne d'un malheur (maladie, accident, etc).

Le titε célèbre ou rend présent le souvenir d'un événement passé. Par cette fête-de-la-danse, le titε, on revit l'événement passé dans le présent. S'il s'agit de titε pour un mort ou un accidenté, on ritualise les funérailles et les dons offerts à cette occasion sont appelés « dons pour l'enterrement » (=Zizili »). On fait comme si l'événement avait lieu ce jour-là, aujourd'hui même.

La fête est comme une fontaine où le temps historique et humain se précipite pour se renouveler. Le temps reprend à chaque fête un commencement nouveau.

Un exemple d'illustration pour la fête de dipri des Abidji de la Côte d'Ivoire : La fête de dipri a lieu au moment où les semis sont faits et où on attend une pluie bienfaisante pour les féconder. Elle est une fête de la purification et du renouveau collectif. On se réconcilie avec les puissances sacrées (=ancêtres, génies) dont on attend les faveurs et la bénédiction. Mais pour obtenir leur bienveillance, pour qu'elles acceptent les sacrifices qui leur sont offerts, il faut être en règle avec elles, c'est-à-dire respecter les interdits dont elles sont les gardiennes, résoudre les conflits qui opposent les puissances sacrées aux membres du village et ceux-ci entre eux-mêmes.

Cette réconciliation des villageois avec les puissances sacrées et des villageois entre eux-mêmes restaure et renouvelle l'ordre social perturbé. Ce renouvellement qui extirpe tout ce qui est aberrant atteint son point culminant dans l'évacuation de la mort qui s'exprime par la célébration du rite des funérailles des défunts de l'année.

De l'ordre social retrouvé, restauré et réconcilié, surgit la vie en abondance pour la collectivité, les nouvelles récoltes et la nature[10].

---

[9] LE GUILLOU, J. M., Entrons dans l'Eucharistie du Seigneur, Ed ; Parole et Silence, 1999, P. 77
[10] LAFARGUE, F., Religion, magie, sorcellerie des Abidji en Côte d'Ivoire, Paris, 1976, PP. 24

En conclusion partielle :
Les fêtes servent à renouveler l'ordre social et cosmique, à maintenir le lien entre le monde des humains et le monde de Dieu, des esprits, des ancêtres et des morts, qui est le monde de la puissance et des énergies vitales.

La célébration rituelle est un phénomène social voire total, qui fait intervenir plusieurs acteurs en présence. Lesquels ? Nous en énumérerons quelques-uns ci-dessous.

1.4.8. Les acteurs en présence

Nous avons dit plus haut que le rite signifie l'ordre, déroulement, structure d'une cérémonie ou d'une fête. Mais, qu'est-ce qu'une structure ?

Une structure est un ensemble d'éléments interdépendants, liés les uns aux autres, formant un tout cohérent et logique, et poursuivant un but, un objectif à atteindre, à la fin de la tâche accomplie.

En outre, la célébration cultuelle se passe dans un lieu sacré. Un lieu est sacré à cause de la présence en ce lieu de tous les êtres spirituels, sacrés et invisibles que sont : Dieu, esprits, ancêtres et morts de l'au-delà ou du monde invisible. Ils sont dans le lieu sacré quoique invisibles ! Ils sont là présents et agissants dans l'histoire et la vie de la communauté croyante à laquelle ils appartiennent. Ils sont convoqués et invoqués dans l'assemblée cultuelle.

Quels sont les acteurs en interaction et en présence dans la célébration rituelle ?
Ce sont :

– Dieu, esprits, ancêtres, morts, c'est-à-dire les êtres invisibles du monde invisible, source de la puissance et de la vie.

– Les officiants investis d'un pouvoir qui les met en rapport avec le monde sacré et invisible. Ils agissent au nom de ceux dont ils tiennent leur pouvoir.

– Les fidèles qui participent à la cérémonie cultuelle. L'efficacité du rite dépend de la disposition intérieure et de la bonne préparation des participants à la cérémonie cultuelle. Ainsi, les contacts, les mouvements d'ensemble, les danses, les chants, les paroles communes et répétitives des participants, tout cela suscite des émotions de communications relationnelles et/ou fusionnelles. Pourquoi tout cela ? Quel but ou sens veut-on obtenir ?

1. 4. 9. Où se situe le sens du rite ?

Le rite forme un tout cohérent et structuré, c'est-à-dire composé de plusieurs éléments en interaction et en présence.

Quel est le sens, le but, la finalité ou l'objectif que l'on recherche et qu'on veut atteindre lorsqu'on fait tel ou tel rite ?

Eh bien, la célébration rituelle a pour but de rassembler en un seul tout harmonieux, tous les différents éléments divers, dispersés, éloignés les uns des autres. On fait le rite pour que tous les acteurs, visibles et invisibles, en présence, entrent en contact et en communication les uns avec les autres, en vue de former un seul corps (groupe) social voire cosmique, et restaurer, pour ainsi dire, l'ordre initial perturbé et/ou perdu.

C'est dans le lieu sacré que les êtres spirituels du monde invisible et les êtres humains du monde visible entrent en communion, en communication et en contact les uns avec les autres. Là s'effectue un véritable échange. Échange de quoi ?

Eh bien, c'est dans ce lieu cultuel que les humains de la terre expriment et adressent leurs prières, leurs désirs, leurs aspirations et leurs offrandes sacrificielles aux êtres spirituels du monde invisible. Et ceux-ci procurent à ceux-là bénédictions, bienfaits, fécondité humaine, animale et végétale, bonheur, énergie et force vitales. Cet échange de dons et contre-dons crée et consolide les liens de réciprocité, de solidarité, de familiarité, de proximité, de communion et d'unité, entre les humains de la terre et les êtres spirituels et « spiritualisés » du monde invisible. La vie, c'est la communion du visible avec l'invisible, le sacré. Car, la vie est relation, communication, alliance, jonction ou union des contraires.

En bref, le sens du rite (qui forme un tout) repose justement sur les interactions et les relations existant entre les différents éléments ou acteurs qui composent le rite.

Dans la perspective chrétienne, nous dirions que le rite sacramentel a pour but – puisqu'il a plu à Dieu – de tout réconcilier par Jésus-Christ, avec Jésus-Christ et en Jésus-Christ. Dieu a décidé de « réunir l'univers entier sous un seul chef, le Christ, ce qui est dans les cieux et ce qui est sur la terre » (Ep. 1, 10-11). Tel est le but ou la finalité ou le sens du rite sacramentel. Comme le dit bien L.M. Chauvet : « Les sacrements ont précisément pour visée d'établir une communication de l'homme avec Dieu que la théologie appelle la « grâce ». Ou encore « l'agir liturgique vise à établir un rapport de communication des participants avec Dieu et entre eux-mêmes »[11]. C'est ce que j'appelle plus loin, au chapitre quatre, la double dimension de tout sacrement et de tout être humain : la dimension verticale unit les humains à Dieu et la dimension horizontale unit les humains entre eux-mêmes.

Y a-t-il un rapport entre sacrement et magie ? Les deux agissent-ils dans le même sens ou but ?

1. 5. Sacrement et magie
La magie a pour but, objet d'assujettir et de soumettre à la volonté des hommes les forces et les puissances invisibles. Elle repose sur l'idée que des esprits et des génies, sans cesse à l'œuvre dans le monde, sont à l'origine des faits inexplicables.

La magie vise à s'approprier la puissance des êtres spirituels dans un but intéressé (pas nécessairement immoral).

En bref, la magie cherche à s'emparer d'une force invisible ou même d'une puissance bénéfique pour résoudre les difficultés et les problèmes des hommes en société.

Le prêtre invoque et supplie Dieu ; le magicien commande. Telle est leur différence. Néanmoins, le pouvoir du sacrement avec **opus operatum, (ex opere operato= par le fait même que l'action sacramentelle est accomplie),** fait (ou ferait) du prêtre, selon Henri Clavier[12], un magicien[13].

Le sacrement fait passer, introduire celui (ou celle) qui le reçoit, dans le monde avec Jésus-Christ, le monde de lumière, de grâce et de dons de Dieu. Les fruits du sacrement dépendent des dispositions intérieures de celui ou celle qui le reçoit, et non de manière mécanique voire magique. Les sacrements ne sont pas magiques. Dans le sacrement, comme nous le verrons plus loin, au chapitre 4, c'est Dieu qui agit sur l'homme ou en faveur de l'homme et non l'homme, sur Dieu. Ce qu'on demande à l'homme (qui reçoit le sacrement), pour que la grâce sacramentelle se produise en lui, c'est **la foi et la conversion à Dieu.** (Voir aussi la Note sur la grâce, n° 4. 6. et 4. 7. du chapitre 4).

---

[11]CHAUVET, L.M., op. cit. PP. 102 et 116.

[12]CLAVIER, H., Expérience du divin, 1982, P. 351, note 503.

[13]Toute interprétation magique de cette formule : l'efficacité « ex opere operato », est un contresens. L'expression veut dire, au contraire, 1/ négativement que la proposition par Dieu du don de sa grâce dans les sacrements n'est pas conditionnée par la qualité subjective de la foi ou de la sainteté du ministre ou du sujet récepteur, et donc, 2/ positivement, que Dieu est souverainement libre : sa grâce est parfaitement gratuite (CHAUVET, L.M., Les sacrements. Parole de Dieu au risque du corps, Paris, Cerf, Ed. Ouvrières, 1997, P. 7, note 1.

Le sacrement signe ou le signe–sacrement est toujours signe de quelque chose. Il s'apparente à une image et à une photo qui renvoient à autre réalité absente qu'elles représentent. Etudions-les ci-dessous.

1. 6. Sacrement–signe, image et photo

L'image (icône) et la photo appartiennent à la catégorie de signe et de symbole qui renvoient à autre chose. Comme le symbole, elles sont un signe de substitution, de re-présentation.

Ainsi, le problème qui se pose est le suivant : a-t-on le droit de vénérer des images (icônes), des photos et statues des saints et saintes de l'Église ?

Au VIIe - VIIIe siècle, dans les Églises orientales surtout, les images ont été objet d'une vénération cultuelle importante. On attendait de ces images vénérées qu'elles portent l'aide du saint ou de la sainte concerné(e).

On attribuait aux icônes des pouvoirs protecteurs, des miracles de tous ordres : guérir des malades, ressusciter des morts, chasser les démons, intervenir dans les guerres contre les ennemis. Dans l'Église orientale, **l'icône** est présence de Dieu au milieu de son Eglise et en faveur de l'humanité. Ce n'est pas vous qui la regardez, comme on observe un objet, mais c'est Dieu qui à travers **elle (icône)** se manifeste à vous. **C'est, véritablement, une « présence réelle ».**

Il était difficile, dans les Eglises orientales de cette époque, de faire la différence entre « vénération » et « adoration » ; entre l'image (signe) et la personne (réalité) représentée. Il en est de même, de nos jours ! Si bien que bon nombre de chrétiens voient dans le culte des images ou icônes une idolâtrie sous habit chrétien.

Quoi qu'il en soit, « l'honneur rendu à une image remonte au modèle original=prototypos. » Quiconque vénère une image, vénère en elle la réalité qui y est représentée, dit Basile le Grand, cité par Hans Küng, 1999, P. 326. Si on s'arrête au signe, on devient idolâtre. Mais si on va jusqu'à la réalité, on ne l'est plus.

Nous avons également les images et les statues des saints et saintes dans nos églises bâtiments ou dans nos maisons familiales, non pas pour les adorer comme des dieux – ce qui ne serait que idolâtrie – mais pour nous rappeler leurs souvenirs dans l'assemblée de prière. Les saints et saintes sont nos frères et sœurs en Christ ; avec eux nous formons une seule communauté de croyants et d'enfants de Dieu. Nous croyons à la communion des saints, c'est-à-dire à la solidarité qui existe entre eux et nous, les vivants de la terre. Ils intercèdent en notre faveur auprès de Dieu trinitaire et nous stimulent à acquérir les valeurs du monde futur qui est là et pas encore là.

Un travail scientifique utilise toujours une méthode. Alors, quelle méthode allons-nous suivre ici ?

1.7. Méthode à suivre

Nous suivrons une méthode de travail toute spéciale, d'ailleurs très classique. La voici :

1°) Nous partirons d'abord d'un ou des textes bibliques.

2°) Ensuite, nous réfléchirons à partir des textes bibliques suscités, afin d'approfondir et de pénétrer le sens du sacrement à étudier. Ce que nous nommons fréquemment dans ce présent ouvrage : « **Réflexion théologique** » (cf Décret sur la formation des prêtres, paragraphe 16). En effet, la théologie est née chez les croyants intelligents et intellectuels qui voulaient comprendre davantage la parole de Dieu, comprendre comment des affirmations bibliques, apparemment contradictoires, ne sont nullement contradictoires mais complémentaires, les unes par rapport aux autres.

Le travail du théologien sera de les frotter, comme du silex, les unes contre les autres, pour en faire jaillir la lumière divine éclairant la foi.

Nous essaierons, tout au long de notre travail d'approfondir avec humilité, les signes de la présence agissante de Dieu dans l'histoire des humains.

Écoutons avec attention l'antienne d'ouverture d'une des messes du temps ordinaire :

« Portons notre regard vers l'homme à qui le ciel est donné pour trône, la foule des anges l'adore en chantant d'une seule voix : « voici celui dont le pouvoir subsiste pour les siècles ».

Nous verrons au chapitre suivant **le sacrement des sacrements : Jésus-Christ**

CHAPITRE 2: JESUS-CHRIST, SACREMENT DE DIEU LE PERE

Dans la pensée chrétienne, Jésus-Christ est le premier sacrement d'où découlent tous les autres sacrements de l'Église. En quel sens Jésus-Christ est-il appelé sacrement de Dieu ? Nous le verrons dans ce deuxième chapitre que nous articulerons autour de trois (3) points : l'image, l'envoyé et le mystère révélé.

2.1- Jésus-Christ, image de Dieu

Dieu a créé l'homme à son image (Gn 1,26). Mais l'image et la ressemblance parfaites de Dieu (Gn 1, 26), l'homme parfait, c'est Jésus-Christ en qui Dieu a pris corps et figure humains, en un lieu et en un temps de l'histoire humaine.

Le pieux israélite prie en ces termes : « Seigneur en mon cœur, je t'ai dit : je cherche ton visage, ton visage, Seigneur, je le recherche : ne détourne pas de moi ton visage » (Ps 27 (26), 7-9).
Où trouver le visage du Dieu invisible ?

2.1.1. Textes Bibliques

Jésus lui dit : « Je suis le chemin et la vérité et la vie. Personne ne va au Père si ce n'est par moi. Si vous me connaissiez, vous connaîtriez aussi mon Père. Dès à présent vous le connaissez et vous l'avez vu. » Philippe lui dit : « Seigneur, montre-nous le Père et cela nous suffit. » Jésus lui dit : « Je suis avec vous depuis si longtemps, et cependant, Philippe, tu ne m'as pas reconnu ! Celui qui m'a vu a vu le Père. Pourquoi dis-tu : "montre-nous le Père ? » (**Jean 14, 6-9**)

Puis :
Il (Jésus) est l'image du Dieu invisible, premier-né de toute créature. (**Col 1,15**)

Puis :
Après avoir, à bien des reprises et de bien des manières, parlé autrefois aux pères dans les prophètes, Dieu, en la période finale où nous sommes, nous a parlé à nous en un Fils qu'il a établi héritier de tout, par qui aussi il a créé les mondes. Ce Fils est resplendissement de sa gloire et expression de son être et il porte l'univers par la puissance de sa parole. Après avoir accompli la purification des péchés, il s'est assis à la droite de la Majesté dans les hauteurs, devenu d'autant supérieur aux anges qu'il a hérité d'un nom différent du leur. (**Hébreux 1,1-4**)

2.1.2. Réflexion théologique

• Relevons quelques mots clés :
Si vous me connaissiez, vous connaîtriez aussi mon Père (Jn 14, 7).
Celui qui m'a vu a vu le Père (Jn 14,9). Dieu nous parle par son Fils, resplendissement de sa gloire et expression de son être divin (He 1,2-3). Cela implique la christologie d'en bas/la christologie d'en haut. Dieu en la personne de Jésus de Nazareth, s'est fait homme, un Juif. C'est dire que :

- Il a un pays : Israël.
- Il a une culture : Juive.
- Il a vécu dans un espace et un temps précis. Un Dieu de l'histoire. Un Dieu historique, socio-culturel. Ce qui implique :

Anthropologie ⇐══ Christologie ══⇒ Théologie

• Jésus-Christ est le visage humain de Dieu ; mieux encore, il est le visage visible du Dieu invisible. Jésus de Nazareth, homme comme nous, est le Fils de Dieu, vivant au milieu des humains. Au baptême d'eau, dans le Jourdain auprès de Jean (Cf Mt 3,13-17 ; Mc 1, 11) et au baptême du feu de l'Esprit Saint, sur la montagne de la Transfiguration de Jésus(Cf Mc 9, 2-10), Dieu le Père révèle aux proches et amis de Jésus, que cet homme de Nazareth est son propre Fils bien-aimé : « Celui-ci est mon Fils bien-aimé, celui qu'il m'a plu de choisir »(Mt 3, 17). L'Eglise du Seigneur Jésus explicitera davantage cette foi en la divinité de Jésus, en ces termes : « Il est Dieu, né de Dieu, lumière, née de la lumière, vrai Dieu, né du vrai Dieu, engendré, non pas créé, de même nature que le Père ; et par lui tout a été fait » (Cf Symbole de Nicée-Constantinople).

Jésus est parole faite chair (Jn 1, 14). Lui qui est Dieu, s'est comporté comme un homme, un simple serviteur ou un esclave (Ph 2, 6-11). En cet homme Jésus se trouve la plénitude divine (Col 2,9).
L'homme Jésus est signe ou sacrement de Dieu, le Dieu avec nous (Mt 1,23). Aussi, peut-il dire : « Qui me voit, voit Dieu le Père (Jn 14,9). Dieu se fait voir et connaître à travers l'homme Jésus qui est comme le voile dressé entre nous et Dieu. « Nous avons là une voie nouvelle et vivante, qu'il a inaugurée à travers le voile, c'est-à-dire par son humanité » (He 10, 20). Ainsi, en regardant Dieu à travers l'homme Jésus, nous sommes comme « Moïse qui se voila le visage car il craignait de regarder Dieu » (Ex 3, 6). Le visage humain de Jésus nous suffit pour regarder et voir Dieu, l'Invisible (Jn 14, 8 ss). Jésus de Nazareth voile et dévoile Dieu à la fois. Son humanité, ou sa « chair », ou son corps, permet notre communication avec le Dieu invisible. Comme le dit si bien Karl Adam : « Le Christ est notre Sauveur non parce qu'il est Dieu ni parce qu'il est homme, mais parce qu'il est **Dieu et homme,** l'homme nouveau, le nouvel Adam, le premier-né d'entre ses frères. Le croyant est incorporé au Christ par le baptême. »[14]

L'image ou la photo renvoie à l'autre, à l'absent. Jésus, image, renvoie à Dieu le Père. Il est la présence de l'absent c'est-à-dire la présence de Dieu le Père absent.
Il le représente (le rend présent, proche) parmi les humains. Par définition, Dieu n'est pas accessible. Dieu, « personne ne l'a jamais vu » (Jn 1, 18) parce que le voir est hors de portée humaine (Ex 33, 20). Jésus est le Christ : cet homme a reçu l'onction de Dieu pour le représenter en personne. Cet homme Jésus de Nazareth, est perçu comme Dieu en personne. Icône de Dieu, Jésus manifeste visiblement Dieu au milieu des humains. Il est le sacrement de Dieu par excellence, c'est-à-dire il rend visible le Dieu invisible.
Dieu le Père est le Dieu d'Abraham, d'Isaac, de Jacob et de Jésus-Christ. Jésus-Christ en parle comme son Père. En l'homme Jésus de Nazareth, Dieu invisible se donne à voir et à toucher. On part du visible à l'invisible. Jésus-Sacrement montre aux humains Dieu que personne n'a jamais vu (Jn 1,18). Parler de Dieu, c'est parler de Jésus-Christ, et vice versa : « Tout pouvoir m'a été remis par mon Père. Nul ne connaît le Fils si ce n'est le Père, et nul ne connaît le Père si ce n'est le Fils, et celui à qui le Fils veut bien le révéler » (Mt 11,27). « Si vous me connaissiez, vous connaîtriez aussi mon Père » (Jn 14, 7). Le Fils unique de Dieu, Jésus Christ, a pris un corps humain pour ressembler davantage aux humains dans leurs infirmités, leurs maladies, leurs souffrances, leurs fragilités, et ce, jusque dans la mort, avant de ressusciter d'entre les morts, et entrer dans la gloire de Dieu le Père.

C'est dans la mort que Jésus a vécu jusqu'au bout la condition humaine (mortelle) et sa solidarité totale avec les humains, ses frères (He 2, 17). C'est dans l'événement pascal que Jésus a vécu son ultime baptême, c'est-à-dire le baptême du crâne ou du Golgotha, selon l'expression de de Souzenelle. Jésus a ardemment désiré recevoir le baptême du crâne ou du Golgotha: « C'est un baptême que j'ai à recevoir, et comme cela me pèse jusqu'à ce qu'il soit accompli » (Lc 12, 50). Il l'a annoncé depuis longtemps et plusieurs fois : « Puis il commença à leur enseigner qu'il fallait que le Fils de l'homme souffre beaucoup, qu'il soit rejeté par les anciens, les grands prêtres et les scribes, qu'il soit mis à mort et que, trois jours après, il ressuscite » (Mc 8, 31)[13] . Jésus a reçu le baptême

---

[14] Karl Adam, Jésus le Christ, 1941, P. 21
[15]Vous pourrez lire Mc 8, 31-33 ; 9, 30-32 ; 10, 32-34.38 et parallèles ; Mt 26, 10-13.20-25.

tant désiré le jour de sa mort-résurrection : « Le centurion qui se tenait devant lui, voyant qu'il avait ainsi expiré, dit : « Vraiment, cet homme était Fils de Dieu » (Mc 15, 39). Ainsi, **Dieu se révèle comme humain dans sa divinité**. Dieu se donne à voir en cet homme Jésus, le Crucifié, Fils par rapport à Dieu le Père et frère par rapport aux autres humains.

Dire que Jésus Christ est sacrement de Dieu, c'est reconnaître le rôle essentiel que Jésus Christ joue pour nous montrer qui est Dieu, et quel est le chemin vers Dieu.
Les actions de cet homme Jésus sont des actions **théandriques** ou **divino-humaines**. Jésus renvoie à autre que lui-même. C'est ce qu'exprime le terme de "envoyé" que nous verrons ci-après.

2.2. Jésus-Christ, l'envoyé de Dieu le Père

2.2.1. Textes bibliques
« Moi, je ne puis rien faire de moi-même : je juge selon ce que j'entends et mon jugement est juste parce que je ne cherche pas ma propre volonté, mais la volonté de celui qui m'a envoyé. » **(Jean 5,30)**

Puis :
Jésus leur répondit : « Mon enseignement ne vient pas de moi, mais de Celui qui m'a envoyé. Si quelqu'un veut faire la volonté de Dieu, il saura si cet enseignement vient de Dieu ou si je parle de moi-même. Qui parle de lui-même cherche sa propre gloire ; seul celui qui cherche la gloire de celui qui l'a envoyé est véridique et il n'y a pas en lui d'imposture. Alors Jésus, qui enseignait dans le temple, proclama : « Vous me connaissez ! Vous savez d'où je suis ! Et pourtant, je ne suis pas venu de moi-même. Celui qui m'a envoyé est véridique, lui que vous ne connaissez pas. Moi, je le connais parce que je viens d'auprès de lui et qu'il m'a envoyé. » **(Jean 7, 16-18.28-29)**

Puis :
Cependant, Jésus proclame : « Qui croit en moi, ce n'est pas en moi qu'il croit, mais en Celui qui m'a envoyé et celui qui me voit, voit aussi Celui qui m'a envoyé. **(Jean 12, 44-45)**

Vous lirez aussi les textes suivants :
- **Jésus, l'envoyé**
Jn 3,17-34 ; 4, 34 ; 6, 29 ; 10, 36-38 ; 16,5 ; 17,3.8.23
1 Jn 4,4-.9. 10-14
- **Jésus, le prophète**
Mt 8,27-30
Mt 21,33-36 ; 17,1-8 et // ; Lc 7,16 ; 24, 19 ; Jn 6,14 ; 9,17

2.2.2. Réflexion théologique
Jésus lui-même se présente comme un envoyé de Dieu. Il vient de la part de Dieu vers (ou chez) les humains.

Envoyeur	/	Envoyé	/	destinataire
Dieu	/	Jésus	/	humains, monde

Le signifié est plus important que le signe (ou le signifiant). Jésus dit de lui-même qu'il n'est pas le but : il est le chemin (Jn 14,6). Jésus s'efface et s'abaisse devant Dieu le Père (Jn 14,28). Dieu agit en et par Jésus Christ (Jn 14, 10).
L'envoyeur est présent dans l'envoyé dans la pensée juive comme dans de nombreuses cultures africaines.

Attention ! Arrêtons-nous ici un peu ! Évitons de tomber dans ce qu'on appelle la mentalité « sacrementaliste » qui consiste à prendre l'envoyé pour l'envoyeur, à mettre l'envoyé à la place de l'envoyeur, à s'arrêter sur l'envoyé au lieu d'aller jusqu'à l'envoyeur. En effet, l'envoyé est comme le signe ou le signifiant qui renvoie à la réalité ou au signifié (=ici l'envoyeur).

Même si l'envoyé ré-présente l'envoyeur et parle « **en son nom** », il n'est pas l'envoyeur. Il s'en distingue.

Prendre le signe pour la réalité, ou s'arrêter sur le signe sans aller jusqu'à la réalité, c'est tomber inévitablement dans l'idolâtrie sur le plan religieux, et dans la confusion totale sur le plan intellectuel et conceptuel.

Exercices à faire ensemble :
Quel est le rôle de l'Envoyé :
1. Par rapport à l'envoyeur ?
2. Par rapport au destinataire ?
3. Par rapport à l'envoyeur et au destinataire ?
4. L'Envoyé unit-il ou sépare-t-il l'envoyeur et le destinataire ?
5. Rapport Envoyeur/ Destinataire
6. Etudier les trois (3) médiations en Israël :
   a. Prophète : Porte-parole et bouche de Dieu (Dt 18, 18-20)
   b. Roi   : Lieutenant de Dieu
   c. Prêtre : Médiateur entre Dieu et le groupe humain.

Quelle différence y a-t-il entre un intermédiaire et un médiateur ?
Jésus a-t-il exercé ces trois médiations entre Dieu et les humains ?
Passons au troisième point de notre sujet à savoir, Jésus, le Révélateur du mystère caché.

2.3. L'Invisible est devenu visible
Nous lirons d'abord un texte biblique, ensuite nous ferons une réflexion théologique, enfin, nous verrons en quel sens Jésus-Christ est sacrement de Dieu.

2.3.1. Texte biblique
Six jours après, Jésus prend avec lui Pierre, Jacques et Jean et les emmène seuls à l'écart sur une haute montagne. Il fut transfiguré devant eux, et ses vêtements devinrent éblouissants, si blancs qu'aucun foulon sur terre ne saurait blanchir ainsi. Elie leur apparut avec Moïse ; ils s'entretenaient avec Jésus. Intervenant, Pierre dit à Jésus : Rabbi, il est bon que nous soyons ici ; dressons trois tentes : une pour toi, une pour Moïse, une pour Elie. » Il ne savait que dire car ils étaient saisis de crainte. Une nuée vint les recouvrir et il y eut une voix venant de la nuée : « Celui-ci est mon Fils bien aimé. Ecoutez-le ! » Aussitôt, regardant autour d'eux, ils ne virent plus personne d'autre que Jésus, seul avec eux. Comme ils descendaient de la montagne, il leur recommanda de ne raconter à personne ce qu'ils avaient vu, jusqu'à ce que le Fils de l'homme ressuscite d'entre les morts. Ils observèrent entre eux ce qu'il entendait par « ressusciter d'entre les morts». Et il l'interrogeait : « Pourquoi les scribes disent-ils qu'Elie doit venir d'abord ? » Il leur dit : « Certes, Elie vient d'abord et rétablit tout, mais alors comment est-il écrit du Fils de l'homme qu'il doit beaucoup souffrir et être méprisé ? Eh bien, je vous le déclare, Elie est venu et ils lui ont fait tout ce qu'ils voulaient, selon ce qui est écrit de lui. » (Marc 9, 2-13)

Nous en faisons ci-après une réflexion théologique.

2.3.2. Réflexion théologique

L'homme Jésus est comme le sacrement-signe, mieux encore comme le signifiant qui permet de voir et d'atteindre le signifié ou l'invisible à travers le visible.

Jésus fut transfiguré devant ses disciples c'est-à-dire il se dévoile devant eux et leur fait voir sa face invisible, cachée, intérieure de son être, en bref sa réalité divine exprimée ici par les vêtements éblouissants, la blancheur, la Loi (Moïse) et les prophètes (Elie) c'est-à-dire **la Parole de Dieu** résidant en sa personne. Jésus Christ s'est dévoilé devant ses disciples comme le « Verbe fait chair » selon l'expression de l'Apôtre St Jean (Cf Jn 1, 14). La divinité de Jésus se dissimulait sous son humanité. A la Transfiguration qui est le baptême de feu ou de l'Esprit Saint, tout se dévoile : « Celui-ci est mon Fils bien-aimé. Écoutez-le » (Mt 9, 7). Le Fils de Dieu était là au milieu des humains, et les humains ne le savaient pas. Le baptême de feu ou de l'Esprit Saint l'a dévoilé ! La Transfiguration de Jésus est déjà l'annonce de sa résurrection dans la gloire de Dieu le Père céleste. Ainsi Jésus-Sacrement rend visible la gloire de Dieu le Père invisible.

Comme nous l'avons dit plus haut, Jésus sera encore dévoilé **Fils de Dieu** au baptême du Golgotha ou du crâne : «Vraiment, cet homme était Fils de Dieu » (Mc 15, 39), comme il l'a été au baptême d'eau dans le Jourdain :"Celui-ci est mon Fils bien-aimé, celui qu'il m'a plu de choisir" (Mt 3, 17). C'est après le baptême du Golgotha ou du crâne que Dieu dit encore à Jésus : « Tu es mon Fils, moi, aujourd'hui, je t'ai engendré » (Ac 13, 33 cf Ps 2, 6-7). Le passage de Jésus de ce monde à son Père céleste -- qui est son véritable baptême, c'est-à-dire sa mort et sa résurrection-- est vu et interprété comme une **(re)-naissance**, mieux encore comme **une consécration royale et sacerdotale,** dans l'au-delà divin, de Jésus, le Crucifié-Élevé.
Jésus, le Crucifié-Élevé, a été intronisé, élu par Dieu le Père, comme Roi et Prêtre depuis sa mort-résurrection d'entre les morts. Ce jour-là Dieu le Père lui a remis les pleins pouvoirs. Ainsi, Jésus-Élevé-Ressuscité, peut dire à juste titre : « Tout pouvoir m'a été donné au ciel et sur la terre » (Mt 28, 18b).

Jésus-sacrement révèle Dieu. Il le manifeste au grand jour : « personne n'a jamais vu Dieu ; Dieu Fils unique, qui est dans le sein du Père, nous l'a dévoilé. » (Jn 1, 18)
Par tout ce qu'il est, par tout ce qu'il fait et par tout ce qu'il dit, Jésus est le révélateur et l'expression de Dieu le Père. Jésus de Nazareth est l'ensemble de la parole que Dieu adresse à l'humanité toute entière (Lc 24, 27 ; Mt 17, 5). Une fois que les disciples l'ont reconnu et fait l'expérience de sa présence divine, ils repartent à Jérusalem pour faire part aux hommes de leur expérience bouleversante, faire partager la joie du Ressuscité.

Jésus est la bouche visible du Dieu invisible.
Dieu parle dans sa bouche et lui Jésus parle dans la bouche de Dieu. Ses paroles sont les paroles de Dieu : « Je n'ai pas parlé de moi-même, mais le Père qui m'a envoyé m'a prescrit ce que j'ai à dire et à déclarer. Et je sais que son commandement est vie éternelle : ce que je dis, je le dis comme le Père me l'a dit » (Jn 12, 49-50). « Je suis dans le Père et le Père est en moi » (Jn 14, 11). « Moi et le Père nous sommes un » (Jn 10, 30). Vraiment, le Verbe de Dieu s'est fait chair en la personne de Jésus de Nazareth, selon l'expression de l'Évangéliste Jean (Jn1, 14). « Il est la bouche exempte de mensonge par laquelle le Père a parlé en toute vérité » (St Ignace d'Antioche).
En Jésus Christ, le mystère caché depuis la création du monde est rendu visible et communicable "corporellement", c'est-à-dire par le moyen d'un corps, par une activité humaine. Par son incarnation, Jésus exprime Dieu et le rend visible (Rm 16,25-26 ; Col 1,26-29).
Jésus-sacrement révèle le secret de Dieu. Si bien que nous, chrétiens, nous connaissons maintenant le plan de Dieu qui est de faire de tous les humains, grâce à son Fils unique Jésus-Christ, des fils et filles par rapport à Lui, Dieu le Père, et des frères et sœurs entre eux-mêmes (Rm 8,29), et de faire

d'eux tous un seul peuple qui lui appartient (Eph 2,11-22 ; 3,1-13), « un peuple ardent à faire le bien » (Tite 2, 14).

Pour conclure ce chapitre, disons en quel sens, Jésus-Christ est le sacrement de Dieu.

2.3.3. En quel sens Jésus Christ est-il appelé sacrement ?

• **Jésus Christ est le sacrement de Dieu** : Il révèle Dieu par sa manière humaine de vivre. Il vit comme homme selon la logique de Dieu. En d'autres mots encore, Jésus-Christ est **l'anthropo-logique de Dieu au milieu des humains** c'est-à-dire Jésus-Christ est l'homme qui vit selon la logique de Dieu au milieu des humains. Le Verbe s'est fait humain (Jn 1, 14) pour que les humains s'humanisent davantage et deviennent humains, semblables à Jésus, l'humain par excellence-et-sans-péché, **l'humain-fait-à-l'image-et-à-la-ressemblance-de-Dieu (Gn 1, 26) :** « Dieu dit : »Faisons l'homme à notre image, selon notre ressemblance... » (Gn 1, 26). En l'homme Jésus, **le second Adam** , Dieu réalise et achève son projet de créer ou de faire l'homme à son image et à sa ressemblance. Et, quand on lit Gn 1, 27: « Dieu créa l'homme à son image, à l'image de Dieu, il le créa , mâle et femelle, il les créa », on constate que.Dieu **a créé seulement l'homme(=le premier Adam)** à son image et **non à sa ressemblance qu'il devra acquérir , en se tournant vers Dieu et vers le prochain, pour entrer dans le projet initial de Dieu.**

• **Jésus-Christ est le sacrement de l'histoire humaine** : Il révèle aux hommes comment ils doivent vivre, à quelle alliance Dieu les appelle ; Dieu veut faire des hommes ses fils en son Fils unique. En Jésus-Christ, Dieu et l'homme se rejoignent. (Cf *Théo*, P. 910), le divin et l'humain s'ajustent et s'accordent parfaitement. Jésus-Christ est le sacrement-symbole qui rapproche Dieu des humains, et les humains, de Dieu.

• Jésus-Christ est sacrement-signe parce qu'il est la présence effective de Dieu le Père dans le monde et dans la vie des humains. En cela, il est vraiment un signe efficace des bienfaits divins en faveur des humains.

• Jésus-Christ est sacrement-signe parce qu'il renvoie à Dieu le Père et qu'il indique toujours son Père comme la source de son œuvre, comme le terme de son chemin. En cela, il est l'Évangile du salut annoncé au monde entier.

• Jésus-Christ est sacrement parce qu'il s'est présenté au Père comme offrande parfaite pour sauver le monde entier (He 10, 5-10). En cela, il est présence du salut des peuples (Lc 2, 30-31).

Jésus a fait connaître Dieu le Père. Mais, qui nous fera connaître Jésus-Christ ressuscité et monté vers le Père ? Ce sera son Église qui, comme Jean-Baptiste, dira aux humains : « voici l'Agneau de Dieu, qui enlève le péché du monde » (Jn 1, 29) ou encore : qui me voit voit Jésus, le mort-vivant-élevé.

CHAPITRE 3 : L'EGLISE, SACREMENT DU CHRIST

La visibilité de Dieu en Jésus de Nazareth n'a eu qu'un temps. Pour nous qui sommes au 21e siècle, Jésus est presque aussi lointain que Dieu le Père.On ne peut le voir ni l'approcher, ni le toucher[16]. Pendant le temps pascal, les apôtres et les disciples reconnurent Jésus ressuscité, mais celui-ci disparut à leurs regards. Jésus ressuscité leur devint invisible depuis l'Ascension.
Après le temps pascal, suit le temps de l'Esprit Saint, qui est aussi le temps de l'Eglise et celui des sacrements à travers lesquels on verra, on approchera, on touchera et on rencontrera Jésus ressuscité et vivant.
Le premier sacrement, après Jésus-Christ, le sacrement de Dieu invisible, c'est l'Eglise dont la mission est de prolonger la mission du Christ, d'assurer la continuité de sa visibilité dans le déroulement de l'histoire et la continuité de sa proximité et de sa communication aux humains d'aujourd'hui et de demain. Jésus-Christ est élevé et glorifié au ciel, mais il demeure toujours présent et agissant sur la terre dans son Église. Telle est notre foi chrétienne.

L'Église est envoyée par le Christ ressuscité pour être son témoin depuis Jérusalem jusqu'aux extrémités de la terre ((Ac 1, 8). En effet, Jésus Christ est la lumière et le salut de tous les peuples de la terre: "Je suis la lumière du monde", dit Jésus en Jn 8, 12; 9, 5). Le vieillard Syméon, ayant pris Jésus dans ses bras, bénit Dieu en ces termes: "Maintenant, Maître, c'est en paix, comme tu l'as dit, que tu renvoies ton serviteur. Car mes yeux ont vu ton salut que tu as préparé face à tous les peuples: Lumière pour la révélation aux païens et gloire d'Israël, ton peuple" (Lc 2, 29-32). En clair, Jésus est le salut de Dieu offert aux humains.

Jésus Christ, mort et ressuscité, disparaît pour laisser place aux témoins de l'Évangile, c'est-à-dire à son Église, son envoyée. Celle-ci devient désormais le porte-parole, le lieutenant, en bref, le sacrement de Jésus Christ ressuscité. C'est donc à juste titre que le concile Vatican II ait défini l'Église comme "le sacrement universel de salut" (LG 48). Mais, malheureusement, la formule n'est pas bonne. Il aurait fallu dire: "L'Église est le sacrement du salut universel". C'est Jésus Christ qui est le **salut universel**, l'unique Sauveur des humains et l'unique médiateur entre Dieu et les humains (1 Tm 2, 5). "Il n'y a aucun salut ailleurs qu'en lui (Jésus); car aucun autre nom sous le ciel n'est offert aux hommes, qui soit nécessaire à notre salut" (Ac 4, 12). Jésus Christ est le salut de Dieu porté et annoncé chez tous les peuples de la terre (Ac 28, 28). La mission de l'Église est précisément d'annoncer et de proclamer partout ce Jésus Christ, le salut universel des peuples. En dehors de lui (Jésus), point de salut.
Dans l'Oraison du septième (7°) dimanche de Pâques, nous disons ceci : «Entends notre prière, Seigneur Dieu : nous croyons que le Sauveur des humains est auprès de toi dans la gloire ; fais-nous croire aussi qu'il est encore avec nous jusqu'à la fin des temps, comme il nous l'a promis» (Cf Mt 28, 20). Nous sommes dans la période de la foi. Les sacrements rentrent dans cette période. Il faut donc avoir la foi pour discerner les signes de la présence de Dieu dans le monde présent.
L'Église est le sacrement de Jésus-Christ ressuscité, qu'est-ce que cela signifie ? Lisons les textes bibliques que voici.

3.1. Textes bibliques
Jésus-Christ ressuscité s'adresse à ses apôtres en ces termes : « *Allez donc : dans toutes les nations faites des disciples, les baptisant au nom du Père et du Fils et du Saint Esprit, leur apprenant à garder tout ce que je vous ai prescrit. Et moi, je suis avec vous tous les jours jusqu'à la fin des temps.* » (Mt 28,19-20)

---

[16] BEGUERIE, Ph., DUCHESNEAU, C., op. cit., P. 28

« Là où deux ou trois se trouvent réunis en mon nom, je suis au milieu d'eux. » (Mt 18,20)

« Vous êtes la race élue, la communauté sacerdotale et royale, la nation sainte, le peuple que Dieu s'est acquis, pour que vous proclamiez les hauts faits de celui qui vous a appelés des ténèbres à sa merveilleuse lumière. » (1 P 2, 9).

Commentons les textes ci-dessus dans une réflexion théologique.

3.2. Réflexion théologique
Nous retiendrons cinq (5) points :

3.2.1. Jésus est présent et agissant dans son Eglise
Jésus-Christ a promis sa présence durable et permanente auprès de ses disciples d'hier, d'aujourd'hui et de demain. Il est toujours là auprès de son Eglise, surtout dans les actions liturgiques. En effet, pour nous, chrétiens croyants, la liturgie n'est pas seulement une cérémonie ou un rite, mais essentiellement **un acte du Christ** qui convoque, célèbre et **se rend présent** personnellement à chacun des membres assemblés en son nom.

3.2.2. Les chrétiens sont le "corps du Christ" (Rm 12,4 ; 1Co 12,12.27)
L'Apôtre Paul a rencontré Jésus-Christ ressuscité sur le chemin de Damas, à travers les chrétiens persécutés : « Je suis Jésus que tu persécutes. » (Ac 9,5).

Ainsi, pour l'Apôtre Paul, le Christ et les chrétiens ne font qu'un seul corps dont le Christ est la Tête. L'image du corps souligne l'union vitale du Christ avec les croyants et de tous les croyants entre eux-mêmes (Rm 12, 4-5). Les baptisés sont tous un dans l'union au Christ (Ga 3, 28). Les chrétiens sont au Christ ce qu'est le corps humain aux hommes c'est-à-dire les chrétiens (liés au Christ) permettent (aux humains) d'entrer en relation avec le Christ ressuscité. Vous pourrez lire également Matthieu 25, 31-46 : « Quand le Fils de l'homme viendra dans sa gloire, accompagné de tous les anges, alors il siégera sur son trône de gloire. Devant lui seront rassemblées toutes les nations, et il séparera les hommes les uns des autres, comme le berger sépare les brebis des chèvres. Il placera les brebis à sa droite et les chèvres à sa gauche. Alors le roi dira à ceux qui seront à sa droite : « Venez, les bénis de mon Père, recevez en partage le Royaume qui a été préparé pour vous depuis la création du monde. Car j'ai eu faim et vous m'avez donné à manger ; j'ai eu soif et vous m'avez donné à boire ; j'étais un étranger et vous avez recueilli ; nu, et vous m'avez vêtu ; malade, et vous m'avez visité ; en prison, et vous êtes venus à moi » Alors les justes lui répondront : « Seigneur, quand est-ce nous est-il arrivé de te voir affamé et de te nourrir, assoiffé et de te donner à boire ? Quand nous est-il arrivé de te voir étranger et de te recueillir, nu, et de te vêtir ? » Quand nous est-il arrivé de te voir malade ou en prison, et de venir à toi ? » Et le roi leur répondra : « En vérité, je vous le déclare, chaque fois que vous l'avez fait à l'un de ces plus petits, qui sont mes frères, c'est à moi que vous l'avez fait ! » Alors il dira à ceux qui sont à sa gauche : « Allez-vous en loin de moi, maudis, au feu éternel qui a été préparé pour le diable et pour ses anges. Car j'ai eu faim et vous ne m'avez donné à manger ; j'ai eu soif et vous ne m'avez donné à boire ; j'étais un étranger et vous ne m'avez pas recueilli ; nu, et vous ne m'avez pas vêtu ; malade et en prison, et vous ne m'avez pas visité. » Alors eux aussi répondront : « Seigneur, quand nous est-il arrivé de te voir affamé ou assoiffé, étranger ou nu, malade ou en prison, sans venir t'assister ? » Alors il leur répondra : « En vérité, je vous le déclare, chaque fois que vous ne l'avez pas fait à l'un de ces plus petits, à moi non plus vous ne l'avez pas fait ! » Et ils s'en iront, ceux-ci au châtiment éternel, et les justes, à la vie éternelle. » (Mt 25, 31-46).

Quels sont les sacrements du Christ ressuscité dans ce texte de l'évangéliste Matthieu ?

C'est celui qui a faim et soif, c'est l'étranger, c'est celui qui est nu, malade ou prisonnier.
En langage du symbolique ou du signe (au sens linguistique du terme), je dirai que ces sacrements-signes, énumérés ci-dessus, sont les signifiants et Jésus est le signifié. Ce qui se présente comme ceci : Signifiants/Signifié. Cela veut dire, en clair, que les sacrements nous permettent d'entrer en communication et en communion avec Jésus Christ, et à Jésus Christ d'entrer en communication et en communion avec nous, de toucher Jésus Christ, et Jésus Christ de nous toucher. La rencontre de Jésus Christ vivant passe par la rencontre d'autrui.

En outre, le Christ a promis sa présence permanente dans les plus petits des frères et sœurs, les pauvres, les démunis, les oubliés, les laissés-pour-compte et méprisés. Ceux-ci disent où est l'Église du Christ et où elle doit se trouver pour manifester visiblement l'amour et la tendresse de Dieu aux yeux du monde d'aujourd'hui. En effet, là où est le Christ, là aussi est son Église.

L'Eglise, corps du Christ, est prophète et missionnaire, royale et sacerdotale. En d'autres mots encore, l'Église est sacrement de Jésus-Christ prophète, roi et prêtre (sacerdos). Tout chrétien baptisé-confirmé est un autre Christ prophète, roi et prêtre. Il faudra voir le rôle de ces trois médiations étudiées ci-dessus. La mission de l'Eglise est de rendre présent et visible Jésus Christ, le mort-ressuscité-vivant, en bref d'être un autre Christ, c'est-à-dire le sacrement du Christ, en disant : « Qui me voit voit le Christ » ou encore : « Je vis, mais ce n'est plus moi, c'est Christ qui vit en moi » (Ga 2, 20). La notion de l'Eglise, corps du Christ, implique l'idée de la « visibilité du Christ » dans le monde d'aujourd'hui. En effet, l'Eglise est le corps du Christ signifie, entre autres, que l'Eglise est la présence visible et corporelle du Christ ressuscité invisible aujourd'hui à nos yeux de chair. Il incombe donc à l'Eglise[17] de « visibiliser » Jésus Christ pour parler ainsi, c'est-à-dire de rendre visible Jésus Christ par ses comportements humains, individuels et sociaux, par ses paroles et ses actes, imprégnés et inspirés de l'Evangile, de l'amour et de l'esprit du Christ, dans le monde d'aujourd'hui, marqué par la civilisation et la culture audio-visuelles.

L'Eglise, corps du Christ, est un tout organisé et hiérarchisé. Il n'y a d'Eglise au sens strict du terme qu'avec la présence en son sein d'un **ministre ordonné**. C'est là qu'intervient le **rôle du Prêtre** ou de l'**Évêque**, président de l'Assemblée. Celle-ci n'est pas pleinement Eglise sans **son président ordonné**. Mais le prêtre ou l'Évêque ne doit pas agir seul, mais entouré de l'Assemblée. Il y a une interdépendance entre le ministre ordonné et l'Assemblée.

Celui qui préside l'Assemblée a pour mission d'être le **sacrement du Christ Tête**.
Il n'y a d'Eglise que dans la complémentarité des deux : Assemblée + Président ordonné c'est-à-dire membres + tête = corps ecclésial.

3. 2. 3. Les sacrements-signes de Jésus Christ au milieu des humains d'aujourd'hui

Il y a d'abord les sept (7) sacrements de l'Eglise dont nous parlerons plus loin, au chapitre 4. Ensuite, voici quelques sacrements-signes par lesquels Jésus Christ continue de vivre aujourd'hui parmi nous : le signe de la Parole de Dieu qui, expliquée, transmise, accueillie et méditée, édifie et nourrit les fidèles du Christ ; le signe de l'Assemblée des fidèles du Christ en prière et/ou célébrant les sacrements ; le signe de la charité fraternelle ou de l'amour mutuel entre les humains, les peuples et les nations souveraines : « comme le Père m'a aimé, moi aussi je vous ai aimés :

---

[17]L'Eglise désigne ici Eglise-personnes-vivantes= Membres + Tête=Fidèles du Christ : Evêques, Prêtres, Diacres, Consacrés et Laïcs. Parmi ces fidèles du Christ, certains sont des personnages sociaux, corporatifs et représentatifs au sens sociologique du terme, et qui parlent au nom de l'Eglise.. Il leur incombe, plus qu'aux autres, de rendre visible le Christ, ou plus exactement de révéler et de montrer le vrai visage du Christ mort et vivant.

demeurez dans mon amour » (Jn 15, 9) ou encore : « Dieu est amour, celui qui demeure dans l'amour demeure en Dieu et Dieu demeure en lui » (1 Jn 4, 16).

Les diplomaties occidentales véhiculent l'idée selon laquelle « les pays n'ont pas d'amis mais des intérêts » selon l'expression du Général Charles de Gaulle. Les peuples s'allient pour des intérêts économiques et financiers à défendre et à protéger.

Si l'amour n'existe pas entre les humains et les peuples, on tombe inévitablement dans la bestialité où règne la loi de la jungle. Les plus grands et forts mangent les plus petits et faibles.

Mais, que disent les Eglises particulières de ces pays ? Elles se taisent au nom de la séparation de l'Eglise et de l'Etat ? Quelle drôle de laïcité anti-évangélique ! « Le Fils de l'homme, quand il viendra, trouvera-t-il la foi sur la terre ? » (Lc 18, 8). En tout cas, l'Eglise du Christ devra enseigner, à temps et à contretemps, au monde entier, la culture de l'amour fraternel pour lequel Jésus-Christ a livré sa vie pour le salut de tous et par lequel il se fait rencontrer par les humains d'aujourd'hui. Tous seront jugés, au dernier jour, sur l'amour fraternel (Mt 25, 31-46). Au fonds, l'Eglise de Jésus-Christ est-elle vraiment responsable du monde entier ou des baptisés seulement ?

Jésus-Christ est-il Tête, c'est-à-dire chef, uniquement de l'Eglise – donc chef des chrétiens et chrétiennes seulement– ou bien chef de tous les humains de la terre ?

Jésus-Christ est-il vraiment le Chef-Roi de l'univers ? Est-il vraiment le seul Roi Seigneur auquel tous les peuples de la terre doivent reconnaissance, soumission et obéissance (Ps 47 et 72) ?

Si oui ! C'est condamnable le silence complice des représentants de Jésus-Tête, devant les barbaries et les atrocités des dirigeants de ce monde présent.

Le Dieu et Père de Jésus-Christ se met toujours du côté des opprimés pour lutter et protester contre les oppresseurs qui maltraitent leurs frères et sœurs.

Notre Dieu est un Dieu libérateur et défenseur des faibles, des pauvres, des malheureux, des prisonniers et des esclaves (Lc 4, 18-19).

3.2.4. Tout être humain est un sacrement-signe de Dieu incarné
Le christianisme est une religion où l'on croit que Dieu vient à notre rencontre dans toute humanité vivante. Ainsi, tous les humains sont sacrements-signes de Dieu. Partout où il y a vie et amour, Dieu est présent, Dieu apparaît, se révèle et devient visible. Dieu est présent dans l'humain, car c'est dans l'humain qu'il s'est révélé, se révèle et se révélera toujours. Aussi, l'inhumain est-il à condamner et à rejeter.
Dieu se rend également présent dans les croyants et croyantes qui manifestent sa visibilité au monde d'aujourd'hui. Les chrétiens, pris individuellement et collectivement, sont le temple de Dieu et Dieu habite en eux par son Esprit Saint (Rm 8, 11 ; 1Co 3, 16 ; 6, 9 ; 2Co 6, 16). Dieu nous est à la fois extérieur et intérieur, lointain et proche, insaisissable et saisissable, transcendant et immanent.

Le prochain est pour son frère ou sa sœur une présence du Christ, il est comme un envoyé du Christ pour lui et pour elle (Mt 25, 31-46 ; Ac 9, 5).
Dans tout être humain, connu ou inconnu, autochtone ou étranger, le Christ nous est donné à accueillir, nourrir, abreuver, vêtir, soigner, visiter. Voilà, entre autres, le chemin par lequel nous nous approchons de Dieu, et Dieu de nous. Voilà le chemin d'humanisation et de divinisation. Voilà ce qui peut bouleverser et changer les relations entre les humains et les peuples. Car, le monde

d'aujourd'hui est guidé par la volonté de puissance, de domination, de conquête et de possession, inspirée de Satan, le Mamôn de tout temps et de tout lieu (Cf Mt 6, 24 ; Lc 16, 13).

Remarque sur l'humain

Je voudrais faire ici une remarque sur l'humain qui est aujourd'hui le Bien commun à tous.

Nous avons dit plus haut que tout être humain est un sacrement-signe de Dieu incarné, c'est-à-dire de Jésus Christ, l'humain par excellence, le véritable humain, le nouvel Adam (1 Co 15, 45), selon le cœur de Dieu et son projet de salut sur l'humanité tout entière. **Jésus est le nouvel Adam « fait-à-l'image-et-la-ressemblance-de-Dieu » (Gn 1, 26)**. En cet humain Jésus, l'humain et le divin s'ajustent et s'accordent parfaitement et inséparablement quoique distincts l'un de l'autre. Cet humain Jésus révèle et annonce, en même temps, à tout être humain, que dans tout humain existe une double dimension verticale et horizontale, divine et humaine, individuelle et sociale.

En effet, dans la vision biblique, l'homme n'est jamais envisagé en tant qu'individu isolé, coupé des autres, jamais en tant qu'**un être en soi**. Il est toujours considéré comme un être relié à la fois à Dieu et à son groupe d'origine et d'appartenance, (groupe) dont il partage la vie et le destin.

C'est dire, en d'autres mots, que **l'homme-sujet est un être qui a une double dimension verticale et horizontale.** Le symbolisme de la croix du Christ exprime bien ce qu'est l'être humain : **un être à la fois individuel et social, voire divin et humain**. Le grand commandement de l'amour pour Dieu et pour le prochain se comprend dans ce double mouvement de l'homme vertical et horizontal à la fois. Le Verbe de Dieu s'est fait humain pour que les humains deviennent humains (Jn 1, 14) et qu'ils découvrent en eux-mêmes cette double dimension verticale et horizontale signalée ci-dessus.

Voyons de près comment Dieu se révèle au monde en lisant le croquis ci-après.

3.2.5. Lisons et commentons le croquis ci-dessous :

DIEU SE REVELE AU MONDE[18]

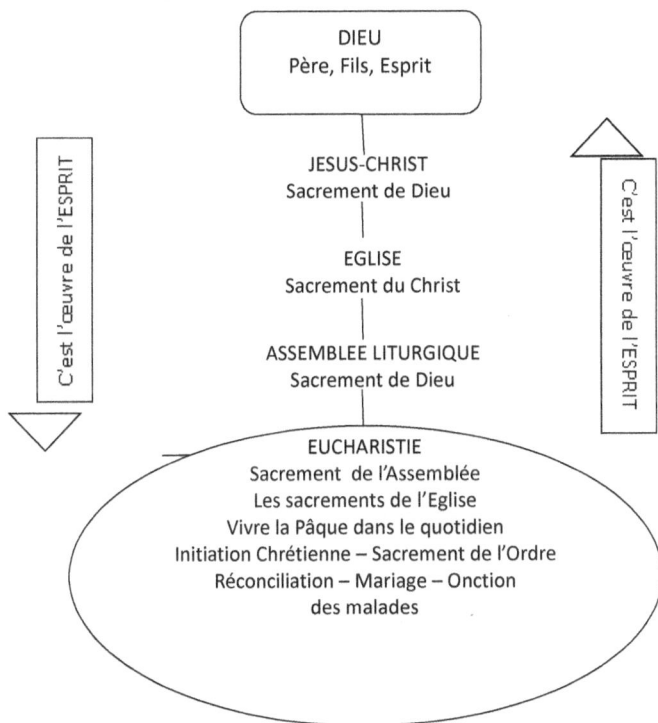

```
              ┌──────────────────────┐
              │        DIEU          │
              │  Père, Fils, Esprit  │
              └──────────────────────┘

                   JESUS-CHRIST
                 Sacrement de Dieu
                        │
                      EGLISE
                 Sacrement du Christ
                        │
              ASSEMBLEE LITURGIQUE
                 Sacrement de Dieu

                    EUCHARISTIE
              Sacrement  de l'Assemblée
              Les sacrements de l'Eglise
             Vivre la Pâque dans le quotidien
        Initiation Chrétienne – Sacrement de l'Ordre
            Réconciliation – Mariage – Onction
                    des malades
```

C'est l'œuvre de l'ESPRIT

C'est l'œuvre de l'ESPRIT

Dans le sens de la flèche descendante, à chaque étape on se rapproche de la vie quotidienne. Dieu devient visible dans l'histoire. Mais chaque fois le champ se rétrécit.
En suivant la flèche qui monte, c'est la vie de l'homme qui renvoie, d'étape en étape, vers la relation du vrai visage de Dieu.
La vie sacramentelle met constamment en œuvre ce double mouvement : Dieu vient vers l'homme et l'homme va vers Dieu. Jésus, par son Église, apparaît alors vraiment comme le chemin qui relie l'homme à Dieu et Dieu à l'homme.

Une remarque critique s'impose ici : C'est dommage que le vrai visage de Dieu, qui est Jésus-Christ, « se rétrécit », c'est-à-dire diminue, se perd et s'obscurcit pour ainsi dire, au fur à mesure qu'on descend plus bas, au niveau de l'Église et/ou des communautés chrétiennes qui devraient rendre visible le vrai visage du Christ. L'Eglise a défiguré le beau, l'unique et le vrai visage du Christ par ses multiples querelles et divisions internes, par ses corruptions et ses comportements anti-évangéliques, contraires à l'esprit et à la pensée de Jésus-Christ, tout au long des siècles, en passant par les siècles noirs, tristes et désordonnés de l'Eglise et de ses dirigeants. Elle devra s'engager dans une conversion permanente pour correspondre et s'ajuster à l'esprit et à la pensée de

---

[18] Nous nous servons ici des beaux textes et croquis de BEGUERIE, Ph., DUCHESNEAU, C., op. cit., P. 31

Celui dont elle est le sacrement-signe. Le chrétien est un autre Christ, dit-on! Mais, être chrétien, c'est devenir un autre Christ. On ne naît pas chrétien et on n'est pas chrétien, non plus, une fois pour toutes. On le devient, librement et volontairement, par le baptême, bien sûr, mais chaque jour davantage jusqu'à la mort. Il ne faudra pas confondre « être baptisé » et « être chrétien ». On est baptisé une fois pour toutes. Mais, être chrétien, c'est le devenir en permanence, en durée. La décision prise librement est maintenue dans le temps. La foi baptismale d'aujourd'hui est renouvelée demain, après-demain, à chaque célébration eucharistique dominicale, et ce, jusqu'au face à face éternel avec le Dieu et Père de Jésus Christ, qui est aussi notre Dieu et notre Père (Jn 20, 17). On ne naît pas homme, on le devient... Deviens donc ce que tu es : Un homme-chrétien ! En bref, toute vie baptismale-chrétienne est une marche progressive et quotidienne à la suite de Jésus-Christ, « l'homme parfait » (Cf Jn 19, 5), montant avec courage par la croix vers le Père céleste. C'est difficile d'être un autre Christ. C'est difficile de reproduire le Christ dans sa vie quotidienne. Il faudra apprendre, aujourd'hui plus qu'hier, à s'engager pour la vie et non de manière temporaire.

Le temps présent est le temps de sanctification, de filiation qui ne sera totale et plénière que dans le baptême du crâne ou du Golgotha, c'est-à-dire jusqu'au face à face éternel avec Jésus-Christ, mort et vivant : « Mes bien-aimés, dès à présent, nous sommes enfants de Dieu, mais ce que nous serons n'a pas encore été manifesté. Nous savons que, lorsqu'il paraîtra, nous lui serons semblables, puisque nous le verrons tel qu'il est » (1 Jn 3, 2). La vie baptismale-chrétienne engage pour toute la vie !

Nous terminons ce chapitre 3 par la question suivante :

3.3. En quel sens l'Église est-elle appelée sacrement de Jésus-Christ ?

• L'Église est sacrement-signe quand elle réfère à autre réalité qu'à elle-même et qu'elle accepte d'accomplir son rôle de servante du monde. Elle est envoyée pour servir et non être servie (cf. Mt 20, 28). Comme son maître, l'Église est envoyée pour servir le monde. Elle est catholique, c'est-à-dire elle est pour tous et au service de tous. L'Église est envoyée par Jésus-Christ. Elle est son porte-parole, son lieutenant, en bref, elle est le sacrement de Jésus-Christ. C'est pourquoi, Jésus dit à l'Église apostolique : « Qui vous accueille m'accueille moi-même, et qui m'accueille accueille Celui qui m'a envoyé » (Mt 10, 40).

• L'Église est sacrement-signe quand elle s'efface pour faire voir son Seigneur et Maître, Jésus-Christ et qu'elle le désigne comme la **tête du corps**. Le signifié est plus important que le signe ou le signifiant. Elle est témoin de l'événement Jésus-Christ qui est le signifié.

• L'Église est sacrement-signe quand elle renvoie à autre réalité qu'à elle-même, et qu'elle indique et annonce Jésus Christ et non elle-même, à la manière de Jean-Baptiste qui s'efface en disant : « Voici l'Agneau de Dieu qui enlève le péché du monde » (Jn 1, 29). Elle renvoie à autre qu'à elle-même. L'Église est sacrement-signe dans la mesure où elle est la visibilité de Jésus Christ dans le monde d'aujourd'hui par sa vie de charité fraternelle et par tout ce qu'elle fait ; ou encore dans la mesure où elle peut dire en face du monde : « Qui me voit, m'accueille et m'écoute, voit, accueille et écoute Jésus Christ ressuscité, le Vivant au milieu des humains ». Ce dé-centrement de soi sur l'autre exprime la notion de l'Église-sacrement du Christ ou sacrement du salut qu'est le Christ lui-même.

Jésus Christ s'est fait proche de nous par son Église, et dans son Église, son envoyée. De plus, pour se communiquer et demeurer de manière permanente avec nous et en nous, il a confié à son Église la plénitude de son mystère pascal et de ses richesses que sont les sacrements.

CHAPITRE 4 : LES SACREMENTS DE L'EGLISE

L'Eglise est la visibilité de Jésus-Christ dans le monde d'aujourd'hui. « Elle permet la présence continuée du Christ dans le monde », selon l'expression de John Henry Newman[19]. Avant de s'en aller vers le Père, Jésus-Christ a confié à son Eglise le trésor de ses grâces en faveur des humains, mieux encore, les moyens de sa rencontre avec les humains ou les signes de l'alliance de Dieu avec les humains. En effet, Dieu a fait les humains pour qu'ils le cherchent, qu'ils entrent en contact avec lui et qu'ils le trouvent, car il n'est pas loin de chacun d'eux (cf Ac 17, 27).

Ainsi, nous verrons dans le présent chapitre, cinq (5) points principaux : 1- Le nombre des sacrements. 2- L'origine des sacrements. 3- Les sacrements, actes de Jésus-Christ et de l'Eglise. 4- Double dimension individuelle et ecclésiale du sacrement. 5- Définitions chrétiennes du sacrement.

4.1   Le nombre des sacrements[20]

Il y a sept (7) sacrements. Sept (7) est un chiffre symbolique, signifiant la plénitude. Par exemple : les sept (7) esprits de Dieu signifient la plénitude de l'Esprit de Dieu. Les sept (7) cornes et les sept (7) yeux expriment la plénitude du pouvoir et la connaissance du Christ ressuscité (Ap 5, 6). Le chiffre sept (7) est le chiffre parfait, le chiffre de la plénitude. L'Eglise n'a défini le nombre des sacrements qu'en 1547 c'est-à-dire depuis le 16e siècle, plus exactement depuis la septième session du concile de Trente.

Voici les sept (7) sacrements de l'Eglise catholique romaine : le Baptême, la Confirmation, l'Eucharistie, la Pénitence ou la Réconciliation, l'Onction des malades, l'Ordre et le Mariage.

Jusqu'avant le 3e siècle, l'Eglise n'avait que les trois (3) sacrements de l'initiation chrétienne :

Le Baptême

Le Baptême est donné par l'Evêque durant la nuit pascale par immersion.

La confirmation

L'Evêque confirme immédiatement par imposition des mains les baptisés. Les baptisés sont configurés au Fils de Dieu, au corps de gloire du Christ et sont appelés christs. En effet, par la chrismation, le baptisé devient « Christ » (Cf office des lectures le vendredi de Pâques). Tout baptisé-confirmé est un autre Christ (alter Christus).

L'Eucharistie

-       Les baptisés participent ensuite à l'Eucharistie pascale.

-       C'est au cours du deuxième siècle que l'Eglise a pris conscience du sacrement de pénitence ou de réconciliation.

-       Les ministres sont ordonnés par imposition des mains et la prière consécratoire de l'Évêque. Celui-ci est choisi par le clergé, le peuple chrétien confirmant ou non cette élection par réception. L'ordination de l'Évêque est conférée par plusieurs Évêques.

-       C'est le concile de Trente qui, en 1563, impose, sous peine d'invalidité, ce que l'on appelle la forme canonique, c'est-à-dire le passage des époux pour l'échange des consentements devant leur propre curé.

L'Eglise a vécu d'abord des sacrements avant de dire : « j'appelle ceci un sacrement. » Un sacrement comporte des rites, des gestes ou des signes et des paroles qui les accompagnent. Il

---

[19]Cité par SESBOÜE, B., op. cit., 2007, P. 163.
[20] Pour plus de détails et de précisions, il faudra lire Hans Küng, « le système des sept sacrements : des questions critiques et rétrospectives », in le christianisme. Ce qu'il est et ce qu'il est devenu dans l'histoire, Seuil, 1999, PP. 659-663

faudra étudier et analyser les rites et les paroles de chaque sacrement pour saisir le sens exact de chaque sacrement. Le rite est un antique document (=antiquum documentum) ; il dévoile ce qui est caché. En d'autres mots encore, le **signe** comporte **signifiant/signifié** (explicité et expliqué par les paroles qui accompagnent les rites et les gestes des sacrements). Ainsi, dans chaque sacrement, il y a toujours un signe et une parole qui explicite ou dévoile la réalité qu'on veut signifier.

Cela nous amène à l'axiome suivant : « **Lex orandi, lex credendi** ». Qu'est-ce à dire ?

Lex orandi, lex credendi signifie : la loi de la prière (liturgique) est la loi de la foi. C'est-à-dire **l'Église croit comme elle célèbre**. C'est dire, en d'autres termes encore, que l'essence de la liturgie est inséparable de la foi. Celle-ci est exprimée, rendue visible, dans la liturgie qui est le milieu de la manifestation du Christ dans le temps : le lieu de sa présence et de sa parousie en même temps. La liturgie est un « lieu théologique » de première importance. Et comme le dit le patriarche Bartholomée 1° de Constantinople : « C'est dans la liturgie que tous les aspects de la foi et de la spiritualité de l'Église, de la vie et de la pratique ecclésiale, du ministère pastoral et de la loi canonique, trouvent leur source essentielle et leur signification finale ».

Peut-on connaître l'origine de tous les sacrements ? À quel moment Jésus les a-t-il institués ?

4. 2. L'origine des sacrements

Les sacrements puisent leur origine dans l'événement pascal, même si l'Eglise n'en a découvert la liste complète que peu à peu. C'est en vivant du Christ que l'Église a compris qu'elle distribuait aux humains la plénitude des richesses du Christ. Nous pouvons même dire que tous les sacrements sont des sacrements de la Pâque du Seigneur. En effet, ils (se) réfèrent tous à l'événement pascal et font participer les fidèles du Christ à son événement pascal. A titre d'illustration, nous verrons ci-dessous les différents sacrements de l'Eglise. « De son côté transpercé, laissant jaillir le sang et l'eau (Jn 19, 34), il (Jésus) fit naître les sacrements de l'Église, pour que tous les hommes, attirés vers son cœur, viennent puiser la joie aux sources vives du salut » (Cf Préface du Sacré-cœur de Jésus). Les sacrements sont des moyens qui permettent à l'Église de garder l'événement pascal de Jésus Christ présent et permanent tout au long de la vie terrestre des fidèles du Christ et dans le monde d'aujourd'hui.

Au fond, que signifie l'événement pascal de Jésus Christ ?

Eh bien, par et dans l'événement pascal, c'est-à-dire par sa mort et sa résurrection, Jésus Christ a accompli ses œuvres et sa mission sur la terre: "Dès qu'il eût pris le vinaigre, Jésus dit: "Tout est achevé" et inclinant la tête il remit l'esprit" (Jn 19, 30).

En mourant et en ressuscitant, Jésus remet son Souffle de vie, son Esprit, aux siens. Il atteint la perfection et la plénitude de sa vie: Couronné de gloire et d'honneur, établi Roi et Chef de l'humanité et de l'univers tout entier, Jésus reçoit le Nom qui est au-dessus de tout nom (Cf Ps 8; Ph 2, 6-11; He 2, 9-10). Alors il ouvre un temps nouveau, le temps de l'Esprit Saint, qui est aussi le temps de l'Église et des sacrements (Cf Jn 19, 34-35).

L'événement pascal est un événement fondateur. Il marque le temps originel chrétien et primordial ou le temps du commencement d'une ère nouvelle ou encore le temps archétype qui est le modèle de tous les temps historiques et humains.

L'origine de tous les sacrements se situe dans cet événement pascal fondateur que j'appelle ici le temps originel chrétien et primordial.

Temps originel chrétien et primordial

Le temps originel chrétien et primordial se résume et se concentre dans le huitième (8°) jour qui se confond avec le premier (1°) jour de la semaine juive (Jn 20, 19-23; Ac 20, 7; Ap 1, 10): Jour de la résurrection du Seigneur ou Pâque dominicale ou Jour du Seigneur ou Jour de parousie du Seigneur (Lc 24, 30-42).

Le huitième (8°) jour est à la fois historique et trans-historique: Historique parce qu'il se confond avec le premier (1°) jour de la semaine juive, et trans-historique parce qu'il est au-delà du cycle de la semaine juive. Il est à la fois le passé dont nous faisons le mémorial et le futur qui est là et vers lequel nous tendons pour le repos éternel (Ap 14, 13).

Le huitième (8°) jour ou temps originel chrétien, est producteur de sens[21]. Il s'insère dans le temps humain et historique et lui donne une direction chrétienne ultime et définitive. Il est la fête des fêtes chrétiennes, mieux la seule fête chrétienne, la source de toutes les autres fêtes chrétiennes. Il est, pourrait-on dire, l'éternité dans le temps humain. Ainsi, tous les sacrements issus du huitième (8°) jour font passer le temps humain dans l'éternité et l'éternité dans le temps humain. En d'autres termes encore, le 8° jour, qui se confond avec le 1° jour, (ré)-unit le ciel et la terre, le monde divin et le monde humain, mieux encore les habitants du ciel et ceux de la terre. Ainsi, à la suite de l'auteur de la lettre aux Hébreux, nous pourrons dire aux fidèles du Christ rassemblés pour prier en son Nom, le 8° jour : "Vous vous êtes approchés de la montagne de Sion et de la cité du Dieu vivant, la Jérusalem céleste, avec ses myriades d'anges. Vous vous êtes approchés d'une assemblée en fête, celle des fils premiers-nés de Dieu, dont les noms sont écrits dans les cieux. Vous vous êtes approchés de Dieu, le juge de tous les hommes, et des esprits des hommes justes rendus parfaits. Vous vous êtes approchés de Jésus, l'intermédiaire de l'alliance nouvelle, et de son sang répandu qui parle d'une manière plus favorable que celui d'Abel" (He 12, 22-24).

Les rites sacramentels réactualisent l'événement pascal fondateur.

Ainsi célébrer et recevoir les sacrements de l'Église, c'est vivre la Pâque du Christ dans le quotidien, c'est-à-dire dans l'histoire et le temps humains, c'est participer au mystère de la Croix et du salut du Christ, c'est manifester et (ré)actualiser le kérygme des premiers chrétiens qui se résume en ceci :

« Un certain Jésus a été mis à mort.
Les chrétiens l'appellent Christ ou Messie.
Dieu l'a ressuscité pour le pardon des péchés et le salut des hommes.
Nous en sommes témoins »

Vous pourrez lire d'autres formules de kérygme que voici : Ac 2,22-38 ; 3,13-19 ; 4,10-12 ; 10,37-43 ; 13,25-38 ; 1 Co 15, 3-5 : Mc 1,14-15.
Le Christ est ressuscité. Il est vivant, présent et agissant au milieu des siens, dans son Église. « Un certain Jésus qui est mort, mais que Paul déclarait toujours vivant » (Ac. 25, 19b).

- **Baptême** : Jn3, 1-13 ; Rm 6, 1-14 ; Col 2, 12. **Le signe** : plongée dans l'eau /sortie de l'eau.
Immersion/émersion ⟹ Mort et Résurrection ⟹ Re-naissance : « Moi, j'ai sacré mon roi sur Sion, ma montagne sainte. Je publierai le décret : Le Seigneur m'a dit : Tu es mon fils ; moi, aujourd'hui, je t'ai engendré » (Ps 2, 6-7 ; Ac 13, 33).
Jésus a été baptisé du baptême de la mort et de la résurrection. Il a été plongé dans la mort, et il en est sorti vivant, vainqueur de la mort (Cf Mc 10, 38).

---

[21]L'origine (principe) produit le sens et le produit dans l'histoire.

Le baptême est également **le sacrement du pardon des péchés (Cf Ac 2, 37-41).**

- **Eucharistie** : 1 Co 11,23-30 ; Lc 22,14-20 ; Ac 2,42.

Prenez et mangez : Ceci est mon corps, livré pour vous

Prenez et buvez : Ceci est mon sang, versé pour vous ⇒ Mort et Résurrection

L'Eucharistie est un repas ; mais elle n'est pas un repas ordinaire. Elle est un repas de fête. En effet, chez les Juifs, on buvait du vin dans le repas de fête. Ainsi, l'Eucharistie de Jésus de Nazareth est un repas joyeux, festif et sacrificiel ; un repas pascal, un repas qui fait passer de l'esclavage à la liberté (Ex 12), pour une marche progressive vers la Terre Promise « où coulent le lait et le miel » (Ex 3, 8), c'est-à-dire jusqu'à la Jérusalem céleste, lieu de paix, de bonheur, de vie et de repos éternel : Cf **Jésus- Eucharistie, le Pain de vie éternelle : Jn 6, 25-71).**

- **Ordre** :

Faites cela en mémoire de moi ⇒ Pouvoir de faire l'Eucharistie ⇒ Sacrement de l'ordre.

- **Confirmation et Réconciliation** : Jn 20,19-23 ; Ac 8,17. Les apôtres reçoivent la confirmation (l'Esprit) et le pouvoir de remettre les péchés et de donner l'Esprit Saint au nom de Jésus-Christ ressuscité. Les apôtres ont été donc baptisés du feu et de l'Esprit Saint (Ac 1, 5 ; 2, 1-4), tout comme Jésus a reçu, à la Transfiguration, le baptême du feu et de l'Esprit Saint (Mc 9, 2-13).

C'est dire, en d'autres mots, que la confirmation est le baptême dans l'Esprit Saint (Ac 1, 5). L'apôtre Paul le dit en ces termes : « Nous avons tous été baptisés dans un seul Esprit pour être un seul corps, Juifs ou Grecs, esclaves ou hommes libres, et nous avons tous été abreuvés d'un seul Esprit » (1 Co 12, 13).

- **Mariage** : Eph 5,21-33. L'union conjugale du Christ époux avec l'Église épouse dans l'événement pascal. Jésus-Christ s'est livré pour son épouse Église.

- **Onction des malade**s au nom de Jésus Christ : Jc 5,14. ⇒ Jésus, Serviteur souffrant, est présent à la fois en celui qui souffre et en celui qui soigne. Il est dans ce geste de service et d'amour où deux personnes se tiennent face à face, signe de la présence divine.

Schéma du temps originel chrétien : 8e Jour ou 1er Jour

Js Vs sD

		Js	Vs	sD	Ascension	Pentecôte		
A.T α	1e venue de Jésus Christ						Temps des sacrements	2°Venue de Jésus Christ Ω
		Mort et Evé E V E E VE T E M	Ré sur nement... N E NE p s	**8e J ou 1er J** Rection Pascal M E N T M E NT P A Jn 20, 19-23	**40e J** PASCA L P A S TEMPS S Ac 1, 1-9	**50e J** C A L PASCAL C A L Ac 2, 1-4	Temps de l'Esprit St Temps de l'Église	Parousie Royaume de Dieu
α	A.T.La vie de Jésus Christ,**Pré-pascale**	P	**A**	**S**	**CA**	**LE**	A vivre, actualiser ou présentifier	Ω

Post-pascale

Le triduum pascal se décompose comme suit:

- Jeudi soir-Vendredi matin (Js)
- Vendredi soir-Samedi matin (Vs)
- Samedi soir-Dimanche matin (sD)

"Il y eut un soir, il y eut un matin: premier jour" (Gn 1).

Dans le christianisme, le temps des origines est le 8° jour qui se confond avec le 1° jour de la semaine juive (Jn 20, 19-26; Ac 20, 7; Ap 1, 10). Ce jour-là, "tout est achevé" par Jésus Christ, c'est-à-dire Jésus Christ, mort, ressuscité, monté vers le Père, revient vers les siens et répand sur eux son Esprit (Cf Jn 19, 30; 20, 19-23). Ainsi, le 8° jour ou le 1° Jour, qui est appelé aujourd'hui le dimanche, "Jour du Seigneur" (Ap 1, 10), c'est **Pâques-Pentecôte-Parousie.** En d'autres mots, **mort-résurrection-don de l'Esprit Saint aux apôtres-parousie forment un tout: le seul événement pascal de Jésus Christ.**

Il nous faudra (re)-vivre, reproduire, (ré)-actualiser, présentifier, c'est-à-dire rendre présent à nouveau, dans le temps de l'Église, née du don de l'Esprit Saint aux Apôtres le jour de la Pentecôte, **la vie pré-pascale, pascale et post-pascale de Jésus Christ,** notre Maître, notre Seigneur et notre Dieu. « Au disciple il suffit d'être comme son maître, et au serviteur d'être comme son seigneur » (Mt 10, 25). Imiter Jésus, faire et être comme Jésus, ressembler à Jésus, témoigner de Jésus, suivre Jésus et le « visibiliser » davantage. Telle est la spiritualité chrétienne du temps présent.
Ce temps présent est surtout le temps de la conversion totale à Dieu. Pour le moment, le « bon grain et l'ivraie » poussent ensemble, et ce, jusqu'à la fin du monde (Mt 13, 24-34). En effet, « le Seigneur ne tarde pas à tenir sa promesse, alors que certains prétendent qu'il a du retard, mais il fait preuve de patience envers vous, ne voulant pas que quelques-uns périssent mais que tous parviennent à la conversion » 2 P 3, 9).

Cf le schéma ci-dessus.

Le schéma de l'événement pascal se lira comme suit:

▢ **Du Jeudi soir au 8° ou 1° Jour= l'événement pascal** : **Dimanche** : "Le soir de ce même jour qui était le premier jour de la semaine, alors que, par crainte des Juifs, les portes de la maison où se trouvaient les disciples étaient verrouillées, Jésus vint, il se tint au milieu d'eux et il leur dit: "La paix soit avec vous". Tout en parlant, il leur montra ses mains et son côté. En voyant le Seigneur, les disciples furent tout à la joie. Alors, à nouveau, Jésus leur dit: "La paix soit avec vous. Comme le Père m'a envoyé, à mon tour je vous envoie." Ayant ainsi parlé, il souffla sur eux et leur dit: "Recevez l'Esprit Saint; ceux à qui vous remettrez les péchés, il leur seront remis. Ceux à qui vous les retiendrez, il leur seront retenus" ((Jn 20, 19-23).
L'évangéliste Luc situe l'Ascension au soir même de Pâques:"Puis, il (Jésus ressuscité) les emmena jusque vers Béthanie et, levant les mains, il les bénit. Or, comme il les bénissait, il se sépara d'eux et fut emporté au ciel. Eux, après s'être prosternés devant lui, retournèrent à Jérusalem pleins de joie, et ils étaient sans cesse dans le Temple à bénir Dieu" (Lc 24, 50-53).
Du Jeudi soir au 8° ou 1° Jour, c'est le triduum pascal. Tout est achevé selon l'apôtre Jean, en cet espace de temps court : **mort-résurrection-ascension-pentecôte-parousie.** C'est vraiment là **le temps originel chrétien et primordial. Toute la vie pascale et post-pascale de Jésus Christ se réalise durant le triduum pascal.**
« Premier-né de toute créature et Premier-né d'entre les morts » (Col 1, 15.18), la merveille de Dieu accomplie au **1° ou au 8° Jour** (la première œuvre de Dieu, c'est la lumière selon le livre de la

Genèse 1, 1-5), Jésus Christ ressuscité est vraiment la lumière du monde (Jn 8, 12; 9, 5), lumière née de la lumière qui permet d'apprécier les choses telles qu'elles sont réellement. **Le 1° ou 8° Jour** est le moment "kairologique", c'est-à-dire le moment favorable (kairos) et décisif choisi par Dieu pour intervenir dans l'histoire humaine pour le salut des humains.

Le 8° Jour, l'enfant de la Vierge Marie a reçu **le Nom** qui est au-dessus de tout nom : **Jésus** (=**Yeshua**= **Dieu sauve**), est le Christ et le Seigneur, intronisé et assis à la droite de Dieu le Père, et éblouissant de la gloire de l'Esprit Saint (cf Lc 2, 21 et Mt 1, 21 ; Lc 2, 11 et Ac 2, 36). **Jésus** : le seul Nom invoqué qui sauve (Cf Ac 4, 12). **Jésus** : le seul Nom devant lequel tout genou fléchit au ciel, sur la terre et sous la terre (Cf Ph 2, 9-11). **Jésus** : le seul Nom adoré par tous les êtres humains, spirituels et cosmiques.

◻ **Du Jeudi soir au 40° Jour= L'événement pascal : Ascension :** "J'avais consacré mon premier livre, Théophile, à tout ce que Jésus avait fait et enseigné, depuis le commencement jusqu'au jour où, après avoir donné, dans l'Esprit Saint, ses instructions aux apôtres qu'il avait choisis, il fut enlevé. C'est à eux qu'il s'était présenté vivant après sa Passion: ils en avaient eu plus d'une preuve alors que, pendant quarante jours, il s'était fait voir d'eux et les avait entretenus du Règne de Dieu.

Au cours d'un repas avec eux, il leur recommanda de ne pas quitter Jérusalem, mais, d'y attendre la promesse du Père, "celle, dit-il, que vous avez entendue de ma bouche: Jean a donné le baptême d'eau, mais vous, c'est dans l'Esprit Saint que vous serez baptisés d'ici quelques jours."

Ils étaient donc réunis et lui avaient posé cette question: "Seigneur, est-ce maintenant le temps où tu vas rétablir le Royaume pour Israël ?" Il leur dit: "Vous n'avez pas à connaître les temps et les moments que le Père a fixés de sa propre autorité; mais vous allez recevoir une puissance, celle du Saint Esprit qui viendra sur vous; vous serez alors mes témoins à Jérusalem, dans toute la Judée et la Samarie, et jusqu'aux extrémités de la terre.

A ces mots, sous leurs yeux, il s'éleva et une nuée vint le soustraire à leurs regards" (Ac 1, 1-9).

◻ **Du Jeudi soir au 50° Jour= L'événement pascal : Pentecôte :** "Quand le jour de la Pentecôte arriva, ils se trouvaient réunis tous ensemble. Tout à coup il y eut un bruit qui venait du ciel comme celui d'un violent coup de vent : la maison où ils se tenaient en fut toute remplie ; alors leur apparurent comme des langues de feu qui se partageaient et il s'en posa sur chacun d'eux. Ils furent tous remplis d'Esprit Saint et se mirent à parler d'autres langues, comme l'Esprit leur donnait de s'exprimer" (Ac 2, 1-4).

Du Jeudi soir jusqu'au 50° Jour, à la Pentecôte, c'est la vie pascale de Jésus Christ, mort-ressuscité-vivant.

Entre **la vie pascale de Jésus Christ** (jusqu'à la Pentecôte) et **la vie post-pacale de Jésus Christ** (à la Parousie) se situe le temps de l'Église ou le temps des sacrements ou le temps de l'Esprit Saint. Notre vie humaine et chrétienne se déroule dans **cet espace-là qui est le monde présent.** Jésus Christ ressuscité en est "l'Alpha et l'Oméga, le commencement et la fin" (Ap 21, 6) : La fin ici, c'est au sens de but, direction, finalité de notre existence humaine et chrétienne. Tout est orienté vers Jésus Christ qui est notre destination finale. " Il est l'image du Dieu invisible, Premier-né de toute créature, car en lui tout a été créé, dans les cieux et sur la terre, les êtres visibles comme les invisibles, Trônes et Souverainetés, Autorités et Pouvoirs. Tout est créé par lui et pour lui, et il est, lui, par devant tout; tout est maintenu en lui, et il est la tête du corps qui est l'Église. Il est le commencement, Premier-né d'entre les morts, afin de tenir en tout, lui, le premier rang" (Col 1, 15-18).

Jésus Christ ressuscité est présent et agissant dans ce monde où il envoie ses apôtres qui constituent la première Église après Pâques, l'Église apostolique, c'est-à-dire l'Eglise envoyée pour la conversion à Jésus Christ ressuscité, et pour le salut du monde, et qui (apôtres) agissent au nom de Jésus Christ ressuscité (Mt 28, 16-20; Mc 16, 14-18). Ils sont des signes visibles de Jésus invisible aujourd'hui.

Le triduum pascal + les 50 jours après le dimanche de Pâques constituent, pour moi, **le temps pascal,** contrairement à ce qu'on lit dans le lectionnaire et le missel du dimanche: "Le temps pascal consiste dans les cinquante jours qui s'écoulent entre le dimanche de Pâques et la Pentecôte"[22]. Il faudrait, selon moi, ajouter le triduum pascal à ce qu'on nomme (habituellement) le temps pascal, c'est-à-dire à partir du Jeudi soir jusqu'à la Pentecôte. Ainsi **le temps pascal recouvre tout l'événement pascal qui est à la fois historique et transhistorique.** Celui-ci est fondateur de l'Église et de tous les sacrements "dans la célébration desquels Jésus Christ est commémoré, rendu présent et attendu "jusqu'à ce qu'il vienne" (1 Co 11,26)[23]. Jésus Christ est présent dans le monde des humains de manière spirituelle, c'est-à-dire par le don de l'Esprit Saint, cet autre Paraclet, qui assure sa présence partout et toujours (Jn 14, 15-16), "par l'Esprit Saint, le Ressuscité advient comme ressuscitant"[24]; (de manière) ecclésiale, c'est-à-dire par l'Église, son envoyée dans le monde, et sacramentelle, c'est-à-dire par ses nombreux sacrements, signes de sa présence dans le monde d'aujourd'hui. Nous en avons parlé dans le chapitre précédent et nous en reparlerons plus loin.

En attendant, nous posons les questions suivantes : Qui agit dans les sacrements ? Comment pouvons-nous atteindre Jésus Christ pré-pascal, pascal et post-pascal, disparu depuis sa montée vers le Père céleste ? Nous y répondrons dans les pages qui vont suivre !

---

[22]JOUNEL, P., Missel du dimanche, Paris, Mame/Desclée, 2001, P147.
[23]VIDAL, M., A quoi sert l'Église, Paris, Bayard, 2008, P. 33.
[24]CHAUVET, L.M., Symbole et Sacrement, 1987, P.537

4. 3. Les sacrements, actes de Jésus Christ et de son Eglise
La question que nous nous posons est celle-ci : **qui agit dans le sacrement ?**

4.3.1. Jésus Christ agit dans les sacrements
Nous y répondons sans ambiguïté, c'est le Christ, l'unique prêtre (sacerdos), qui agit par son Esprit. Son sacerdoce est exclusif (cf. He 7, 23-27).
Les sacrements sont les actes accomplis par Jésus-Christ dans et par son Église. Ils sont les signes de la présence agissante de Jésus, le « Dieu-avec-nous » (Mt 1, 23) ou le « Je suis avec vous tous les jours jusqu'à la fin des temps » (Mt 28, 20b). C'est lui (Jésus) qui dit : « je te baptise », « je te confirme dans la foi » ; « ceci est mon corps, ceci est mon sang. » ; « je te pardonne tous tes péchés. » etc. Le sujet parlant et agissant dans le sacrement est d'abord Jésus-Christ, vivant dans son Eglise. C'est le Christ et Lui seul qui est le véritable agent et auteur des sacrements. Leur sainteté est celle du Christ. C'est pourquoi elle est indépendante de la conduite des ministres ordonnés (Evêque, Prêtre, Diacre). En bref, la validité des sacrements n'est pas liée à la sainteté des ministres ordonnés. L'Eglise reçoit les paroles de Jésus Christ et elle y adhère dans la foi. Elle agit au nom de Jésus Christ. Les rites religieux chrétiens n'ont de valeur sacrée et sacramentelle que parce que ce sont des gestes de Jésus Christ ou de l'Eglise, envoyée et sacrement de Jésus Christ.

Dans le sacrement, le Christ, par son Eglise, nous donne son Esprit de Ressuscité pour que nous portions son image et que nous vivions de sa vie.
C'est pourquoi, les sacrements ne sont pas seulement à recevoir, mais ils sont à vivre dans le quotidien. En effet, nous gardons la Pâque du Fils de Dieu présente dans toute notre vie humaine et sociale.

Le sacrement est l'acte de Jésus Christ, le don de Dieu et de l'Esprit Saint. Il est accueil d'un plus grand que nous. C'est pourquoi, il nous invite à rendre grâce c'est-à-dire à faire remonter vers Dieu le don qu'il nous a fait.
Mais qui est le Christ aujourd'hui ? Qui rend visible son action ? C'est l'Eglise, corps du Christ, c'est-à-dire l'Eglise tout entière = membres + tête.
On peut dire aussi : c'est l'Eglise qui pardonne, qui baptise, qui consacre, etc. l'Eglise est un peuple sacerdotal qui exerce sa fonction dans toutes les actions liturgiques. Plus exactement encore, Jésus-Christ ressuscité agit par son Eglise apostolique (envoyée) dans le sacrement. En bref, le sacrement est une action « christandrique » c'est-à-dire le Christ agit par et avec l'homme, son envoyé. Le Christ s'associe toujours l'homme pour agir. Difficile de dissocier signe/réalité ; signifiant/signifié. Lisons le texte que voici : « Il se trouvait à Lystre un homme qui ne pouvait pas se tenir sur ses pieds ; étant infirme de naissance, il n'avait jamais marché. Un jour qu'il écoutait Paul parler, celui-ci fixa son regard sur lui et, voyant qu'il avait la foi pour être sauvé, il lui dit d'une voix forte : « Lève-toi, droit sur les pieds ! » L'homme bondit : il marchait. A la vue de ce que Paul venait de faire, des voix s'élevèrent de la foule, disant en lycaonien : «Les dieux se sont rendus semblables à des hommes et sont descendus vers nous. » Ils appelaient Barnabas « Zeus » et Paul « Hermès », parce que c'était lui le porte-parole. Le prêtre de Zeus-hors-les-murs fit amener taureaux et couronnes aux portes de la ville ; d'accord avec la foule, il voulait offrir un sacrifice. A cette nouvelle, les apôtres Barnabas et Paul déchirèrent leur manteau et se précipitèrent vers la foule en criant : « Oh ! que faites-vous là ? Disaient-ils. Nous aussi nous sommes des hommes au même titre que vous ! La bonne nouvelle que nous vous annonçons, c'est d'abandonner ces sottises pour vous tourner vers le Dieu vivant qui a créé le ciel, la terre, la mer et tout ce s'y trouve. Dans les générations maintenant révolues il a laissé toutes les nations suivre leurs voies, sans manquer pourtant de leur témoigner sa bienfaisance, puisqu'il vous a envoyé du ciel pluies et saisons fertiles,

comblant vos cœurs de nourriture et de satisfaction. » Ces paroles calmèrent à grand-peine la foule, la détournant ainsi de leur offrir un sacrifice » (Ac 14, 8-18).

« Qui a guéri cet infirme de naissance ? »
La puissance extraordinaire que nous avons ne vient pas de nous, mais de Dieu (2 Co 4, 7b). Le Dieu et Père de Jésus Christ agit toujours en passant par des humains en faveur des humains. Il ne veut pas agir seul sans l'homme, et vice versa. Il veut que lui, (Dieu) et l'homme, ensemble, agissent dans l'histoire et le temps humains.

Et pour ce qu'on peut faire par soi-même, faudra-t-il se passer de Dieu ?
Eh bien, non ! La théologie biblique ou l'histoire du salut nous enseigne que, depuis Abraham, Moïse, David, Élie, Cyrus et Jésus de Nazareth, Dieu veut agir avec et par l'homme. En effet, l'idéologie moderne pousse l'homme à agir sans Dieu ou croit que l'homme moderne peut tout faire par lui-même, tout seul, sans Dieu et sans référence à Dieu. Avoir recours à Dieu quand l'homme perd de sa toute-puissance c'est faire de Dieu un « bouche-trou ». Dieu n'est pas du tout un « bouche-trou ». Il veut agir avec et par l'homme.
L'histoire humaine n'est pas que profane. Elle est, aux yeux de la foi, une histoire sainte, c'est-à-dire une histoire menée ensemble par Dieu et les humains. Il faudra prendre au sérieux et avec réalisme surtout la parole de Jésus adressée aux humains : « En dehors de moi, vous ne pouvez rien faire » (Jn 15, 5). C'est dangereux d'agir comme si Dieu n'existe pas. Jésus emploie une métaphore en se présentant comme un arbre à plusieurs branches (Cf Jn 15). Aucune branche ne peut produire de fruit si elle n'est pas attachée à l'arbre. L'arbre lui-même ne peut pas porter de fruit si on lui enlève toutes ses branches. L'arbre et les branches ensemble produisent les fruits en abondance. C'est dangereux de vouloir agir comme si Dieu n'existe pas. C'est la manière d'agir des hommes et des femmes d'aujourd'hui. C'est dangereux et mortifère ! « Si le Seigneur ne bâtit la maison, ses bâtisseurs travaillent pour rien. Si le Seigneur ne garde la ville, la garde veille pour rien » (Ps 127 (126), 1). « C'est toi, Seigneur, qui accomplis pour nous, tout ce que nous faisons » (Is 26, 12). Et je peux tout par celui, avec celui et en celui qui me fortifie quand je suis faible (Cf 2 Co 1, 9-10). « Le Seigneur donne de l'énergie au faible, il amplifie l'endurance de qui est sans forces » (Is 40, 29).
Toutes nos activités prennent leur source en Jésus Christ et reçoivent de Jésus Christ leur achèvement, car il est « l'Alpha et l'Oméga, le commencement et la fin » de tout (Ap 21, 6). C'est dangereux d'oublier Dieu et d'organiser la (ou sa) vie sans Dieu comme l'insensé ou le fou de l'Évangile : « Repose-toi, mange, bois, jouis de l'existence » (Lc 12, 19). Où est la place de Dieu dans un tel projet de société ou de vie ? Dieu n'y est même pas programmé. Dieu y est absent! Qu'est-ce que l'homme ou la société sans Dieu ? Rien ! L'homme n'est rien **sans Dieu**. Seul Dieu donne consistance, réalité, valeur et sens à l'homme qui est un être socioculturel. « L'homme n'existe en tant qu'homme que là où...il dit Dieu »[25].

D'ailleurs peut-on vivre sans Dieu ? La question religieuse ou spirituelle n'est pas facultative. Elle est inhérente à la question de l'homme qui est un être à la fois vertical et horizontal.
Être sans Dieu et sans espérance dans le monde présent est la misère absolue, existentielle et épouvantable pour tout humain aujourd'hui comme hier et demain. L'apôtre Paul le dit en ces termes : « Souvenez-vous qu'en ce temps-là, vous étiez sans Messie, privés de droit de cité en Israël, étrangers aux alliances de la promesse, sans espérance et sans Dieu dans le monde » (Eph 2, 12).
Pourquoi ne bâtirais-tu pas ta vie humaine comme ceci : « Repose-toi, mange, bois, jouis de l'existence, et rends grâce à Dieu pour ta réussite individuelle et sociale.» Car, mon frère ou ma

---

[25]K. RAHNER cité par SESBOÜE, B., *La théologie au XXe siècle et l'avenir de la foi. Entretiens avec Marc Leboucher*, Paris, Cerf, 2007, P. 312.

sœur, qu'as-tu que tu n'aies reçu de Dieu ? Tout vient de Dieu et tout retourne à Dieu. A lui gloire et action de grâce pour tout ce que nous sommes et ce que nous avons.

Une société sans Dieu est une société en décadence .
Quand Jésus Christ, le "Dieu-avec-nous" (Mt 1, 23) et "lumière du monde" (Jn 8, 12) meurt et disparaît dans le cœur ou dans un groupe socioculturel donné, c'est la nuit totale qui survient. En effet, quand la lumière s'éteint ou est éteinte, les ténèbres couvrent toute la localité (Mc 15, 33-37; Lc 23, 44-46).
En d'autres mots encore, quand un groupe socioculturel oublie Dieu et qu'il le met à mort ou entre parenthèse, il manque de repère essentiel et de signe référentiel pour s'orienter. Alors tout s'écroule. Les cultures et les vies humaines individuelles et sociales tombent en ruine. Ainsi commence le déclin d'une société sans Dieu.
Quel rapport existe-t-il entre l'Église et les autres sacrements ?

4.3.2. L'Eglise fait les sacrements et les sacrements font l'Eglise
On dit souvent « l'Église fait les sacrements » et « les sacrements font l'Eglise. » Qu'est-ce à dire ?
L'Eglise fait les sacrements veut dire : c'est l'Eglise qui célèbre et donne les sacrements.

Les sacrements font l'Eglise veut dire : l'Eglise se construit par et dans les sacrements célébrés et vécus. Les sacrements communiquent la vie du Ressuscité et son Esprit Saint qui rassemble les chrétiens en un seul corps ecclésial et fait grandir l'Eglise, par le nombre de ses membres re-nés, rassemblés, intégrés et renouvelés par les sacrements reçus et vécus : « Vous n'êtes plus des étrangers, ni des émigrés ; vous êtes concitoyens des saints, vous êtes de la famille de Dieu. Vous avez été intégrés dans la construction qui a pour fondation les apôtres et les prophètes, et Jésus Christ lui-même comme pierre maîtresse. C'est en lui que toute construction s'ajuste et s'élève pour former un temple saint dans le Seigneur. C'est en lui que, vous aussi, vous êtes ensemble intégrés à la construction pour devenir une demeure de Dieu par l'Esprit » (Eph 2, 19-22). C'est pourquoi la célébration de tout sacrement ne doit pas être un acte privé, isolé, mais un acte communautaire et ecclésial. La communauté chrétienne tout entière est concernée par la célébration d'un sacrement. Elle devient Église (Ekklèsia), pourrait-on dire, quand elle s'assemble pour célébrer les sacrements, surtout le sacrement de l'Eucharistie. En effet, l'Eglise est vraiment sacrement de Jésus-Christ, quand elle rend présent et visible, dans l'espace et le temps humains, son Seigneur et Maître, Jésus Christ ; autrement dit, quand elle fait le mémorial de la mort et de la résurrection de Jésus Christ.

Tout groupe socioculturel et religieux s'exprime et prend conscience de son identité de corps social à travers ses célébrations rituelles et sacramentelles[26]
Ainsi, le rassemblement des chrétiens au cours duquel on célèbre les sacrements, notamment le sacrement de l'Eucharistie, soit les dimanches soit les jours de fêtes chrétiennes, est très important et nécessaire pour la construction et la visibilité des Églises paroissiales et diocésaines, dans l'espace et le temps humains, jusqu'au retour glorieux du Seigneur Jésus Christ. L'Église du Christ ne se manifeste que comme **une assemblée liturgique concrète, localisée.**

Les brebis du Seigneur, dispersées à travers les quartiers urbains et/ou villageois, deviennent effectivement le troupeau du Seigneur, quand elles sont rassemblées, sous la conduite et la présidence de leur pasteur ordinaire, et font ensemble le mémorial de Jésus Christ, le mort-vivant-élevé. En effet, Jésus Christ est mort et ressuscité « pour réunir dans l'unité les enfants de Dieu qui sont dispersés » (Jn 11, 52). Jésus, le « **bar Abba= le Fils du Père** » est passé par l'humiliation de la croix et mis à mort, pour que les « **barabbas= les fils du Père** » du monde entier soient libérés du péché et de tout esclavage. « En vérité, en vérité, je vous le déclare, si le grain de

---
[26]Vous pourrez relire le chapitre 1, n° 1. 4. 2.

blé qui tombe en terre ne meurt pas, il reste seul ; si au contraire il meurt, il porte du fruit en abondance » (Jn 12, 24). Jésus, l**e Fils (=le bar=le grain)** meurt **pour la libération, la « sortie d'Égypte »,** de tous les enfants de Dieu qui vivent sous l'esclavage et la domination internes et externes à la fois.

En outre, il faudra noter que tout sacrement comporte une dimension individuelle et missionnaire ou communautaire.

4. 4. Double dimension individuelle et ecclésiale du sacrement

Dès que Dieu vous rencontre ou que vous le rencontrez, il vous renvoie immédiatement aux autres frères et sœurs. : « JE SUIS m'a envoyé vers vous » (Ex 3, 14) dit Moïse. « Marie... Ne me retiens pas !... Va trouver mes frères et dis-leur que je monte vers mon Père qui est votre Père, vers mon Dieu qui est votre Dieu. Marie de Magdala vint donc annoncer le Seigneur aux disciples : J'ai vu le Seigneur, et voilà ce qu'il m'a dit. » (Jn 20, 16-18). « Saoul, Saoul, pourquoi me persécuter ? Qui es-tu, Seigneur ? Je suis Jésus, c'est moi que tu persécutes. Mais relève-toi, entre dans la ville, et on te dira ce que tu dois faire » (Ac 9, 4-6).

Dieu lui-même fait prendre conscience à celui (ou à celle) qui se tient devant lui qu'il est un être humain à double dimension verticale et horizontale, un être tourné à la fois vers Dieu et vers les autres humains. C'est cela que j'appelle la double dimension individuelle et sociale, mieux encore ecclésiale ou missionnaire du sacrement reçu. En d'autres termes encore, lorsque nous recevons les sacrements, ceux-ci nous constituent serviteurs et témoins auprès de nos frères et sœurs. En bref, tout sacrement transforme et tourne celui qui le reçoit vers Dieu (dimension individuelle et verticale du sacrement) et le renvoie vers ses frères et sœurs (dimension sociale et horizontale du sacrement). Tout sacrement transfigure et sanctifie celui ou celle qui le reçoit et l'oriente vers la charité fraternelle. **Le sacrement s'origine dans la croix du Christ** qui comporte précisément la double dimension verticale et horizontale.

Exemples : Le baptême m'unit au Christ et à tous les baptisés ; et avec ceux-ci, nous formons un seul corps à plusieurs membres, solidaires les uns des autres. « Comme nous avons plusieurs membres en un seul corps et que ces membres n'ont pas tous la même fonction, ainsi, à plusieurs, nous sommes un seul corps en Christ, étant tous membres les uns des autres, chacun pour sa part » (Rm 12, 4-5).

Quand on communie au Corps eucharistique du Christ, il y a, à la fin de la messe, le « Allez dans la paix du Christ » qui est l'envoi en mission des fidèles auprès de leurs frères et sœurs. On ne reçoit pas le Christ pour le garder pour soi-même, mais pour le donner aux autres frères et sœurs.

On ne se marie pas à l'Eglise pour être seulement en règle vis à vis de la communauté chrétienne, mais aussi pour être témoin de l'amour de Dieu dans son milieu de vie, manifester au monde la foi au Dieu de l'alliance, en bref pour être sacrement-signe du Dieu-Epoux parmi les humains.

Quand je reçois le sacrement de la réconciliation, Dieu me pardonne et en même temps, il me pousse à pardonner à mon frère ou à ma sœur. Ainsi, je deviens le sacrement du pardon de Dieu et je dévoile le visage de Dieu qui pardonne infiniment. Comme je t'ai pardonné, toi aussi tu dois pardonner à tes frères et sœurs (Cf Mt 18, 21-35). C'est quand nous sommes en paix avec Dieu que nous pouvons être des artisans de paix.

Quand je reçois l'onction des malades, ce n'est pas seulement pour être guéri et apaisé, mais aussi pour devenir un autre Christ souffrant qui s'offre pour le salut de son entourage.

Au malade de Gérasa, en Galilée, qu'il vient de guérir et qui veut le suivre, Jésus dit ceci :"Va dans ta maison auprès des tiens et rapporte leur tout ce que le Seigneur a fait pour toi dans sa miséricorde. L'homme s'en alla et se mit à proclamer dans la Décapole tout ce que Jésus avait fait pour lui. Et tous étaient dans l'étonnement" (Mc 5, 19-20).

Ces quelques exemples montrent la double dimension personnelle et sociale ou ecclésiale et missionnaire des sacrements. Tout sacrement transfigure et débouche sur la charité fraternelle. Sacrement et annonce de l'Évangile du Christ vont de pair. Aucun sacrement n'est reçu seulement pour celui qui le reçoit. En effet, si vous êtes réellement uni au Christ, celui-ci vous renverra nécessairement et inévitablement aux autres qui sont vos frères et sœurs. Il faudra rencontrer d'abord le Christ ressuscité et celui-ci vous fera voir ensuite le monde tel que lui-même le voit : un monde à la fois sauvé et à sauver, réconcilié et à réconcilier. Dieu se donne à voir dans les sacrements et se fait rencontrer par les humains dans les sacrements.

Après tous les discours sur les sacrements, il nous faut maintenant donner une ou plusieurs définitions claires et nettes du sacrement au sens chrétien du terme.

4. 5. Définitions chrétiennes du sacrement
Avant de donner quelques définitions tirées de l'enseignement officiel de l'Eglise, je voudrais noter une remarque ici.

4. 5. 1. Remarque importante sur les sacrements
Dans la théologie des sacrements, il faudra savoir et retenir ceci :
• Un sacrement s'accomplit toujours **au nom de Jésus-Christ-Tête.** En effet, le ministre ordinaire du sacrement agit **au nom de Jésus-Christ-Tête : « in personna Christi capitis »,** c'est-à-dire que le ministre ordonné (Évêque et prêtre)[27] tient la place du Christ-Tête dans l'action liturgique, au milieu du peuple de Dieu.

• Tout sacrement est l'œuvre de Jésus Christ, présent et agissant par la puissance de l'Esprit de Dieu : « Ne crois-tu pas que je suis dans le Père et que le Père est en moi ? Les paroles que je vous dis, je ne les dis pas de moi-même ! Au contraire, c'est le Père qui, demeurant en moi, accomplit ses propres œuvres. Croyez-moi, je suis dans le Père et le Père est en moi ; et si vous ne croyez pas ma parole, croyez du moins à cause de ces œuvres » (Jn 14, 10-11).

• Tout sacrement poursuit et actualise l'œuvre de Jésus Christ qui est de révéler le vrai visage de Dieu et de communiquer la vie de Dieu aux humains de tout temps et de tout lieu. « Celui qui mange ma chair et boit mon sang demeure en moi et moi en lui » (Jn 6, 56). Ainsi, le chrétien peut dire : « Je vis, mais ce n'est plus moi, c'est Christ qui vit en moi » (Ga 2, 20). Il faudra méditer surtout le symbolisme de Jésus-vigne/Chrétiens-sarments (Cf Jn 15). La vie sacramentelle est vraiment la vie du Christ-vigne qui inonde les fidèles-sarments et les transforme.

---

[27] En 2009, le *motu proprio Omnium in mentem* a modifié l'article du code de droit canonique (1983) concernant le **sacrement de l'ordre**, précisant que les fonctions d'enseignement, de sanctification et de gouvernement "en la personne de Christ-Tête= in persona Christi capitis", sont désormais réservées aux seuls évêques et prêtres. Une façon de mieux distinguer diaconat et presbyterat.

Et voici maintenant :

4. 5. 2. Quelques définitions du sacrement

Je donnerai, entre autres, cinq (5) définitions du sacrement que voici :

1) La définition de Mgr COFFY, citée par BEGUERIE, Ph. et DUCHESNEAU, C., 1989, P. 21 :
« Un sacrement est une réalité du monde qui révèle le mystère du salut parce qu'elle en est la réalisation. »
Expliquons les termes utilisés :

- "Une réalité qui révèle", c'est ce que nous appelons un **signe** qui dévoile quelque chose.

- "Parce qu'elle en est la réalisation", c'est ce que nous entendons par **signe efficace**.

- "une réalité qui révèle le mystère du salut" c'est bien cela **un signe efficace de la grâce de Dieu**.

Passons à une deuxième définition :

2) Chrétiens aujourd'hui, Tome 3, Commission de Catéchèse pour l'Afrique de l'Ouest francophone, 1999, P.15, donne la définition suivante :
Qu'est-ce que les sacrements ?
Les sacrements sont des rites confiés par Jésus à son Eglise, pour nous accompagner tout au long de notre vie. Si nous les recevons dans la foi, Jésus nous donne sa grâce.

Voici une troisième définition :

3) Compendium du catéchisme de l'Eglise Catholique, Paulines, 2006, P.78
N°224- Pourquoi les sacrements ? Quels sont-ils ?
Les sacrements sont des signes sensibles et efficaces de la grâce, institués par le Christ et confiés à l'Eglise, par lesquels nous est donnée la vie divine. Ils sont au nombre de sept : le Baptême, la Confirmation, l'Eucharistie, la Pénitence, l'Onction des malades, l'Ordre et le Mariage.

N°229- Pourquoi les sacrements sont-ils efficaces ?
Les sacrements sont efficaces *ex opere operato* (« par le fait même que l'action sacramentelle est accomplie »). C'est en effet le Christ qui agit en eux et qui communique la grâce qu'ils signifient, indépendamment de la sainteté personnelle du ministre ; toutefois les fruits du sacrement dépendent aussi des dispositions de ceux qui les reçoivent.

Passons à une quatrième définition : celle-ci est un accord sur la notion fondamentale du sacrement.

4) Le sacrement est un signe institué par Jésus Christ, afin de faire participer les chrétiens au **mystère pascal** qu'il a vécu dans sa passion, sa mort et sa résurrection pour leur Salut (in Théo, P.162).

Enfin voici une cinquième définition que je propose :

5) Le sacrement est le chemin par lequel Jésus Christ vient à nous et nous à lui, pour une rencontre salutaire à la fois individuelle et collective.

4.5.3. Commentaire de la cinquième définition

Arrêtons-nous sur cette cinquième définition et commentons-la un peu.

Avant l'événement Jésus Christ, Dieu par la bouche de son porte-parole Isaïe disait aux enfants d'Israël: « Mes pensées ne sont pas vos pensées, et mes chemins ne sont pas vos chemins, déclare le Seigneur. Autant le ciel est élevé au-dessus de la terre, autant mes chemins sont élevés au-dessus des vôtres, mes pensées, au-dessus de vos pensées » (Is. 55, 8-9).

Nous avons là deux pensées divine et humaine, différentes l'une de l'autre, parallèles l'une à l'autre, séparées et qui ne se rencontrent jamais. Nous avons également deux chemins divin et humain, différents et distincts l'un de l'autre, parallèles, séparés et qui ne se rencontrent jamais.

Mais depuis l'événement Jésus Christ, Dieu s'est approché des humains et les humains, de Dieu, si bien que, par Jésus Christ, avec lui et en lui, Dieu et les humains ont un même chemin, une même histoire, une même pensée, un même espace et une même demeure. Dieu s'est fait connaître comme « le Dieu-avec-les humains (Mt 1, 23) et les humains, comme « les humains-avec-Dieu » (Mt 1, 23). Il faut désormais marcher sur ce chemin commun c'est-à-dire sur le chemin de Dieu et des humains. En dehors de lui, point de salut (Ac 4, 12). Ce chemin commun se nomme Jésus-Christ (Jn 14, 6), mieux encore la croix du Christ. Car, en prenant le chemin de la croix, Jésus se révèle être « le chemin et la vérité et la vie. Personne ne va au Père si ce n'est par moi. » (Jn 14, 6). C'est pourquoi, Jésus dit à Pierre et à tous ses disciples d'hier, d'aujourd'hui et de demain, d'abandonner les pensées des humains pour entrer dans les pensées de Dieu, qui seules comptent pour le salut et le bien de l'humanité : « Passe derrière moi, Satan, tu es un obstacle sur ma route, tes pensées ne sont pas celles de Dieu, mais celles des hommes » (Mt 16, 23).
En bref, le sacrement, c'est Jésus Christ, le Crucifié-Élevé.

4.5.3.1. Qu'est-ce que la croix chrétienne ?

Jésus aurait pu mourir d'une autre mort que celle de la croix. Mais, il a voulu faire de sa croix le lieu où se révèle l'humanité de Dieu, où l'amour atteint son sommet et accomplit la Loi et les Prophètes : « Le Père m'aime parce que je me dessaisis de ma vie pour la reprendre ensuite. Personne ne me l'enlève mais je m'en dessaisis moi-même ; j'ai le pouvoir de m'en dessaisir et j'ai le pouvoir de la reprendre : tel est le commandement que j'ai reçu de mon Père... Nul n'a d'amour plus grand que celui qui se dessaisit de sa vie pour ceux qu'il aime » (Jn 10, 17-18 ; 15, 13). La croix est le lieu de rencontre de Dieu avec les humains et de ceux-ci entre eux-mêmes : « Détruisez ce temple et, en trois jours, je le relèverai... Lui parlait du Temple de son corps » (Jn 2, 19-21). La croix est le symbole de l'homme tourné vers Dieu et vers autrui, de l'homme unissant le ciel et la terre et les humains entre eux-mêmes ; c'est le symbole de la croisée de deux chemins, lieu par excellence de sacrifice. C'est là que les humains (s') offrent à leur(s) Dieu(x) ou divinité(s) ; c'est le lieu de la mort/vie et de l'humain/divin ; c'est le lieu où le Dieu qui invite au repas nuptial rassemble tous les humains, mauvais et bons, afin de les introduire dans la salle du repas nuptial (cf Mt 22, 9-10). La croix exprime la nature du Royaume de Dieu, qui est la communion de tous les êtres humains entre eux et eux avec Dieu.

Au pied de la croix, Dieu se sert de l'humanité de Jésus Christ et en fait un instrument de communication de grâce en faveur des humains. En effet, la grâce chrétienne est une grâce d'incarnation. La sainteté consiste à demeurer uni à Jésus Christ, et par lui, avec lui et en lui, à Dieu-Père et à Dieu-Esprit Saint.
Comment se fera-t-elle, cette union ou communion au Dieu trinitaire ? Comment, par quoi et par qui, allons-nous rencontrer aujourd'hui le Dieu trinitaire : Père, Fils et Esprit Saint ?

4.5.3.2. L'union ou la communion à Dieu

L'Eglise, certes, indique et annonce Jésus Christ aux humains. Mais, mieux encore, elle a pour mission de lier et relier les humains à Jésus Christ, le Saint de Dieu (Mc 1, 24 ; Jn 6, 69), et ceux-ci entre eux-mêmes, par la célébration des rites sacramentels, par toute notre vie humaine familiale, sociale et professionnelle qui est tout un rite, mieux encore, jalonnée de rites quotidiens, vécus et célébrés à longueur de journée, au contact les uns des autres. Dieu s'invite dans chacune de ces rencontres humaines. N'oublions jamais que Dieu est toujours de nos rencontres humaines.

En outre, **Jésus Christ nous révèle que toute action humaine a une double dimension horizontale et verticale** : Chaque fois que vous l'avez fait (ou que vous ne l'avez pas fait) à l'un de ces plus petits, qui sont mes frères, c'est à moi que vous l'avez fait ou que vous ne l'avez pas fait (Cf Mt 25, 31-46). Tout sacrement comporte cette double dimension horizontale et verticale et fonctionne ainsi. Le Christ vit et agit en chacun de nous (Cf Ga 2, 20). Si bien que, par et avec chacun de nous, le Christ à la fois accueille et est accueilli par tout être humain.

Est-ce que nous croyons vraiment que tout chrétien est un « autre Christ » au milieu des humains ? Si nous y croyons réellement, nous devrions considérer les actes des chrétiens comme des actes sacramentels, c'est-à-dire des actes qui réfèrent au Christ vivant, présent et agissant en chacun de nous. En effet, la présence agissante du Christ en nous guide et fertilise nos actes quotidiens au milieu des hommes et des femmes d'aujourd'hui. Nous avons donc tant de raisons de fraterniser, d'humaniser davantage, d'évangéliser et de christianiser nos relations interpersonnelles, sociales et professionnelles qui sont de véritables moyens de bienfaits divins et humains.

En bref, les rites sacramentels et quotidiens permettent aux humains d'entrer en contact et en communication avec le Saint de Dieu (Mc 1, 24 ; Jn 6, 69), ou le sacré, le mystérieux de Dieu.

Ainsi, nous sommes liés et reliés à Dieu par plusieurs moyens, en plus des sept (7) sacrements ordinaires de l'Église catholique romaine. En voici quelques-uns ci-dessous :

-      la prière : la prière établit le lien entre le priant (l'homme) et le prié (Dieu trinitaire). Dieu se fait proche des humains chaque fois que ceux-ci le prient et l'invoquent sur eux et au milieu d'eux (Cf Dt 4, 7 ; Lc 24, 15.36).
        Prier Dieu, c'est jeter son cœur sur Dieu=pàdre en langue bhete de la Côte d'Ivoire, c'est penser à Dieu. Jeter son cœur sur quelqu'un, c'est se lier à lui, c'est établir un lien d'amitié, de fraternité, de parenté et de familiarité avec lui, c'est le maintenir vivant et présent en soi-même. Ainsi, prier Dieu ou jeter son cœur sur Dieu ou penser à Dieu—tout cela exprime la même réalité-- c'est établir un lien vivant et dynamique entre Dieu et soi-même.

-      La foi, la charité et l'espérance : Ces trois vertus théologales nous font adhérer au Dieu trinitaire.

-      La réception des sacrements de l'Église, en particulier du corps eucharistique du Christ, c'est-à-dire l'Eucharistie qui augmente en nous la charité.

-      Tout envoyé du Christ le représente. Il est un ambassadeur du Christ (2 Co 5, 20). Aussi, le Christ peut-il dire : « En vérité, en vérité, je vous le dis, recevoir celui que j'enverrai, c'est me recevoir moi-même, et me recevoir c'est recevoir celui qui m'a envoyé » (Jn 13, 20).

- L'Amour envers autrui, envers tout être humain : Mt 25, 31-46.

- L'entrée dans le corps ecclésial et mystique ou glorieux du Christ : «L'Eglise est cet espace offert par le Christ dans l'histoire humaine, afin que nous puissions le rencontrer, parce qu'il lui a confié sa Parole, le Baptême qui nous rend fils de Dieu, son Corps et son Sang, la grâce du pardon du péché dans le sacrement de la Réconciliation surtout, l'expérience d'une communion qui est le reflet du mystère même de la Sainte Trinité, la force de l'Esprit qui suscite la charité envers tous » (Extrait du Message du Synode des Évêques sur la Nouvelle Évangélisation, du 7 au 28 Octobre 2012 à Rome).

- Jésus-vigne / Chrétiens-sarments (Jn 15). La vigne porte du fruit quand tous les humains deviennent fils de Dieu et frères les uns des autres en Jésus-Christ, le Fils unique de Dieu le Père et frères des humains (He 2, 11).

- Esprit Saint : « voici le commandement de Dieu : adhérer avec foi à son Fils Jésus-Christ et nous aimer les uns les autres, comme il nous en a donné le commandement. Celui qui garde ses commandements demeure en Dieu et Dieu en lui. Par là nous reconnaissons qu'il demeure en nous, grâce à l'Esprit dont il nous a fait don » (1 Jn 3, 23-24).

- Accueillir les petits, les pauvres et les fragilisés auxquels Jésus s'identifie : « Qui accueille en mon nom un enfant comme celui-là, m'accueille moi-même ; et qui m'accueille, ce n'est pas moi qu'il accueille, mais celui qui m'a envoyé » (Mc 9, 37).

-Nature humaine et Verbe incarné : Par son incarnation, Jésus-Christ, le Fils de Dieu, s'est uni lui-même à tout être humain (G.S. 22, §2). Mais tout être humain ne le sait pas. Tous les enfants de Jacob-Israël diront toujours, à la suite de leur ancêtre : « Dieu était là et nous ne le savions pas (Gn 28, 16). Il faut une conversion à Jésus-Christ, c'est-à-dire un retournement vers Jésus-Christ, pour que la relation devienne une relation réciproque et bilatérale, c'est-à-dire du Fils de Dieu incarné à tout être humain et vice versa. Un lien de réciprocité, de reconnaissance mutuelle et religieuse. La relation face à face est celle de l'intimité, de la communion, de la grâce et du salut.

Voilà, entre autres, bien sûr, des sacrements-symboles importants, qui rapprochent Dieu des humains et les humains, de Dieu.
Certes, l'Eucharistie (Pain et Vin) est la présence réelle et substantielle de Jésus-Christ parmi nous. Mais elle n'est pas le seul moyen d'entrer en contact direct et réel avec Jésus-Christ, présent et vivant parmi nous. Il est important de le savoir, pour ne pas pleurnicher quand on ne communie pas au Corps-Eucharistique, pour telle ou telle raison canonique et/ou pastorale !
La nouvelle évangélisation consistera à redécouvrir et à discerner les nombreux signes de la présence du Dieu trinitaire dans le monde d'aujourd'hui, à les montrer et à les apprendre aux hommes et femmes d'aujourd'hui, à se les (ré)-approprier et à les vivre dans le quotidien de notre existence humaine et sociale, en vue de demeurer en contact permanent avec notre Dieu incarné.
Il faudra scruter toujours davantage la volonté de Dieu pour les humains d'aujourd'hui.

4.5. 3. 3. Ce que Dieu veut
Lorsque, dans notre foi chrétienne, nous affirmons que les « **sacrements ont été institués par Jésus Christ** », cela signifie tout simplement qu'il n'y avait aucun sacrement avant que, Lui, Jésus n'ait vécu **son heure**, c'est-à-dire **son événement pascal** (d'où naissent les sacrements) et que les

sacrements tiennent leur sens et leur pouvoir de Jésus-Christ, mort et ressuscité, qui les a choisis et donnés comme moyens de grâce. Ce sont **des gestes et des actes posés, accomplis, par l'Eglise, « au nom du Seigneur Jésus », présent dans son (ou ses) envoyé(s) :** « Comme le Père m'a envoyé, à mon tour je vous envoie » (Jn 20, 21). St Paul définit l'apôtre comme un ambassadeur du Christ ou de Dieu auprès des humains : « C'est au nom du Christ que nous sommes en ambassade, et par nous, c'est Dieu lui-même qui, en fait, vous adresse un appel. Au nom du Christ, nous vous en supplions, laissez-vous réconcilier avec Dieu » (2 Co 5, 20). Un ambassadeur ou un envoyé est un représentant de son envoyeur. Il agit et parle au nom de son envoyeur. En d'autres mots, il est un signe ou un sacrement de l'envoyeur.

Alors, quelle est la volonté de ce Dieu, l'Envoyeur ?

Tous les sacrements sont des signes visibles et des instruments par lesquels Dieu donne ses grâces, ses bienfaits, sa vie et sa personne aux humains. Car, le « Dieu-Amour », selon l'expression de l'apôtre Jean (Cf 1 Jn 4, 8), est, par nature, communauté ou communion de trois personnes divines. Il est donc relation, vie donnée, et communication.

Ainsi, Dieu veut se communiquer, se donner et s'unir aux humains pour les diviniser et les humaniser davantage, c'est-à-dire les libérer de l'inhumain qu'est le péché : « Christ est mort pour nos péchés » (1 Co 15, 3)[28], afin de faire de nous des femmes et des hommes nouveaux à son image et à sa ressemblance, c'est-à-dire à nous « revêtir l'homme nouveau » (Col 3, 10). En effet, l'humain par excellence, c'est Jésus, l'homme-sans-péché (2 Co 5, 21 ; He 4, 15 ; 1 Jn 3, 5), le Saint, l'Oint, le mis à part de Dieu, l'homme en qui l'humain et le divin s'ajustent parfaitement et sont inséparables quoique distincts. En bref, Jésus est l'homme nouveau (ou le nouvel Adam), Fils par rapport à Dieu et frère par rapport aux humains, l'homme tourné à la fois vers Dieu et vers les autres humains. **L'humanité de Jésus** est une humanité sans volonté de puissance, sans mensonge ni fermeture sur soi ; c'est une humanité entièrement ouverte à Dieu et aux autres humains. « Ecce homo=Voici l'homme », dit Pilate admirant l'homme Jésus, sans motif d'accusation contre lui, portant sur la tête une couronne d'épines, revêtu d'un manteau rouge, sur son épaule une lourde croix chargée des péchés, des détresses, des misères et des maladies des humains, ses frères (Jn 19, 2-5), en marche vers la crucifixion et la mort, pour la libération de tous les Barabbas, c'est-à-dire de tous les enfants du Père céleste. C'est de lui, l'unique « Fils du Père = Bar Abba », que Jean Baptiste a parlé en ces termes : « Voici l'agneau de Dieu qui enlève le péché du monde » (Jn 1, 29). Voilà l'homme Jésus qui résume en lui le salut du genre humain, c'est-à-dire l'union de Dieu à l'homme ou du divin à l'humain.

Dieu, en la personne de son Fils Jésus, le Verbe incarné (Jn 1, 14), s'est remis tout entier entre les mains des humains depuis la nuit de la Cène : « Prenez et mangez-en tous : ceci est mon corps livré pour vous ! Prenez et buvez-en tous, car ceci est la coupe de mon sang, le sang de l'Alliance nouvelle et éternelle, qui sera versé pour vous et pour la multitude en rémission des péchés. Vous ferez cela, en mémoire de moi. » (Cf Mt 26, 26-28). Depuis l'événement pascal, Jésus, le Crucifié-Ressuscité, attire à lui tous les humains auxquels il se donne et par eux, (il se donne) aux autres humains : « Quand j'aurai été élevé de terre, j'attirerai à moi tous les hommes » (Jn 12, 32). Il demeure avec eux jusqu'à la fin du monde (Cf Mt 28, 20). Le bonheur des humains, c'est d'être--avec-Dieu et Dieu-avec-eux, unis-à-Dieu et Dieu-à-eux, et eux entre eux-mêmes. Et comme le dit le pieux Israélite : « Mon bonheur à moi, c'est d'être près de Dieu » (Ps 73 (72), 28), ici-bas et dans l'au-delà divin, au ciel. Telle est la volonté de salut de Dieu, l'Envoyeur, pour les humains.

Les sacrements, nés de l'événement pascal, ont précisément pour fonction fondamentale de mettre Dieu en communication avec les humains et ceux-ci entre eux-mêmes. Car, tout sacrement possède une double dimension verticale et horizontale. Nous en avons parlé plus haut, au numéro 4. 4.

---

[28]Christ mort pour nos péchés, vous lirez les textes suivants : Rm 4, 25 ; 5, 6-8 ; Ga 1, 4 ; Col 1, 13s ; Eph 1, 7 ; 1 P2, 21-24 ; 3, 18.

4.6. Note sur la grâce.

Un mot revient de façon récurrente dans les définitions du sacrement, c'est le mot grâce.

4.6.1 Qu'est-ce que la grâce ?

Notre justification vient de la grâce de Dieu. La grâce est la faveur, le secours que Dieu nous donne pour répondre à son appel : devenir enfants de Dieu, fils adoptifs, participants de la divine nature, de la vie éternelle.

La grâce est une participation à la vie de Dieu, elle nous introduit dans l'intimité de la vie trinitaire : par le baptême le chrétien participe à la grâce du Christ, Tête de l'Église qui est son Corps. Comme un « Fils adoptif », le chrétien peut désormais appeler Dieu « Père », en union avec le Fils unique. Il reçoit la vie de l'Esprit qui lui insuffle la charité et qui forme toute l'Eglise (Catéchisme de l'Eglise Catholique, n° 1996-1997).

La grâce, c'est l'intimité avec le Dieu de Jésus-Christ, donnée par le baptême et renouvelée par les sacrements. Le fruit de cette union est la sainteté : Aussi parle-t-on de grâce sanctifiante ou déifiante. La grâce est l'énergie de Dieu qui transforme nos esprits et nos corps et nous sauve tout entiers dans l'union à Jésus-Christ. La grâce est l'union du croyant à Dieu ou la vie divine qui coule dans le croyant et se développe jusqu'au face à face éternel avec Dieu.

Et, c'est le contact permanent du fidèle avec Jésus-Christ qui le rend saint et semblable à Jésus-Christ qui seul est saint.

Alors une question se pose : Comment établir et maintenir ce contact permanent ?

C'est là qu'intervient le rôle capital des sacrements-signes et les rites sacramentels qui consistent à mettre les humains en communication avec Dieu et les humains entre eux-mêmes ; à mettre les humains en alliance avec Dieu et les humains entre eux-mêmes. Nous en avons parlé abondamment plus haut. Parlons maintenant de la grâce liée à chaque sacrement.

4.6.2 La grâce sacramentelle

La grâce sacramentelle c'est-à-dire la grâce propre à chaque sacrement est la grâce de l'Esprit Saint donnée par le Christ. Cette grâce aide le Fidèle sur le chemin de la sainteté ; elle aide aussi l'Eglise à croître dans la charité et dans son témoignage, n° 1129-1134.

4.7. Le sacrement et le monde-avec- Christ

Le sacrement fait passer l'individu du **monde-sans- Christ** au **monde-avec- Christ**, du **monde des ténèbres au monde de lumière. C'est dire, en d'autres termes, qu'il y a un éthos chrétien, c'est-à-dire un comportement chrétien, un comportement selon le cœur et l'esprit de** Jésus-Christ dans le monde–avec-Christ. Depuis notre baptême et notre confirmation, nous sommes entrés dans le monde-avec-Christ. Alors, nous devrons nous comporter selon les us et coutumes, et les valeurs évangéliques du monde-avec-Christ. Quelles sont ces valeurs évangéliques ? En voici quelques-unes : l'amour et le pardon mutuels ; l'humilité, la paix et la joie ; la liberté, l'unité, la justice, la fraternité et l'égalité de tous les humains devant Dieu et dans les sociétés humaines. Il faudra promouvoir ces valeurs évangéliques dans les sociétés humaines et entre les peuples.

En bref, il y a un comportement chrétien et un comportement non chrétien. Le monde-avec-Christ a sa logique, le monde-sans-Christ a la sienne. Nous devrons trouver en notre foi au Christ les motivations profondes, réelles et nécessaires de nos comportements chrétiens. En effet, la foi en Jésus-Christ éclaire et guide nos comportements humains et chrétiens. Elle est une lumière qui éclaire les chrétiens-en-société et tous leurs rapports sociaux, familiaux, professionnels et interpersonnels. Alors que le comportement non chrétien est précisément celui qui est privé de cette lumière de la foi provenant de la révélation biblique et chrétienne. En dehors du Dieu d'Abraham,

49

révélé par et en Jésus-Christ, c'est la loi de la jungle ! C'est la loi de Mamon-Argent qui engendre la loi des intérêts politiques et économico-financiers ! C'est la loi du plus fort qui triomphe et s'impose aux petits et aux pauvres. Les puissants militairement terrorisent et mangent les plus faibles.

Dans la vision chrétienne du monde, tout être humain est un sacrement du Dieu incarné, un chemin qui mène à Dieu, un frère ou une sœur à aimer et à accueillir.

Tandis que dans la vision païenne des rapports humains, l'homme est défini comme « un loup pour l'homme ». Ainsi se dévoile la dimension animale féroce de l'homme, animal raisonnable et aimable, dans le comportement non chrétien.

Comme je l'ai dit plus haut et je le répète encore ici que « le Verbe s'est fait humain (Jn 1, 14) pour que les humains s'humanisent davantage et deviennent humains, en extirpant de leur être la dimension animale féroce et inhumaine, c'est-à-dire tout ce qui est mal, péché, violence et égoïsme.

Les sacrements sont les sacrements du Royaume de Dieu, c'est-à-dire ils appartiennent au Royaume de Dieu et introduisent dans le Royaume de Dieu. Ils sont également les sacrements de la foi, c'est-à-dire ils sont issus de la foi de l'Église en Jésus Christ mort, ressuscité et toujours vivant. Les sacrements supposent d'abord la foi, ensuite ils nourrissent et fortifient la foi, enfin ils expriment la foi par des gestes et des paroles qui accompagnent et expliquent les rites sacramentels. C'est pourquoi, il faudra les célébrer, les donner, les recevoir et les vivre avec et dans la foi de l'Église.

Deux logiques diamétralement opposées.

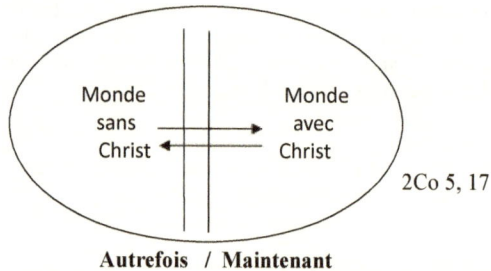

Autrefois / Maintenant

La situation existentielle du chrétien s'exprime en ces termes : **autrefois /maintenant**.
Lire les textes suivants : Ga 4,8-14 ; Eph 2,11-22 ; 4,17 ; 5,8-11 ; Col 1,21-23 ; 3,1-17 ; Tite 3,3-8 ; 1P 2,10.
Les chrétiens sont appelés à "mener une vie digne de l'Évangile du Christ" (Ph 1,27).

Comment s'opérera le changement ?
Eh bien, les sacrements introduisent le monde profane dans le monde sacré et le monde sacré dans le monde profane. C'est au contact de l'un avec l'autre que le changement se produira selon l'Évangile, force transformatrice et purificatrice de toutes les cultures humaines.
Le chrétien se comporte comme Jésus-Christ qui a vécu notre condition d'homme en toute chose, excepté le péché (2 Co 5, 21 ; He 4, 15 ; 1 Jn 3, 5).
L'Église, sacrement de Jésus-Christ, est le lieu où l'Évangile est annoncé en contradiction avec l'esprit du monde. Le monde, au sens johannique du terme, désigne ici Satan ou le diable : diabolos= celui qui divise (1 P 5, 8), l'adversaire du plan de Dieu (Mc 8, 33) ; ce qui s'oppose au projet de salut de Dieu sur l'homme, la société et l'univers tout entier.
Nous sommes dans **le temps maintenant**. Qu'est-ce que cela veut dire ?

4.8. Le temps des sacrements

A quoi le temps des sacrements correspond-il ? Et qu'est-ce que le temps des sacrements signifie ? Nous y répondrons ci-dessous

4. 8. 1. Le temps des sacrements est le temps de l'Eglise.

L'apôtre Paul emploie les termes anti-thétiques suivants : « **Autrefois/Maintenant** » (Eph 2, 11-13). Cette expression paulinienne désigne la division paulinienne du temps = le temps d'hier ou passé et le temps d'aujourd'hui ou présent. Ces deux temps ne se ressemblent pas. Ils sont radicalement différents l'un de l'autre.

Le « **temps maintenant** » correspond au temps du signe, signifiant/signifié ou du symbole, symbolisant/symbolisé, voilé/dévoilé; il correspond au temps des sacrements-signes de Jésus Christ et de l'Église. C'est également le temps de la foi-espérance (=sacrements-signes) et non celui de la vision (réalité). Au terme de ce temps des sacrements-signes, adviendra, dans sa plénitude et sa claire vision, le Royaume ou le futur de Dieu : la Parousie ou la deuxième venue du Christ (=Réalité plénière).

Le Christ n'a jamais fini de venir (par ses sacrements) entre son premier avènement et son deuxième avènement. Nous sommes dans l'Avent (Adventus) continu, c'est-à-dire la venue continue du Christ éternel parmi les humains. Il est "Celui qui était, qui est et qui vient" (Ap 4, 8). "Nous attendons le jour glorieux de sa naissance (à Noël-mémorial de chaque jour et de chaque année) et nous attendons sa venue dans la gloire (à la fin du monde de chacun et de tous)".
En bref, le Christ nous touche aujourd'hui, et nous aussi, nous le touchons aujourd'hui, par ses nombreux sacrements-signes et symboles suscités.

1ère venue du Christ	Temps des Sacrements	2ème venue du Christ
	Le temps de l'Esprit Saint	
	Le temps de l'Eglise	

C'est pourquoi, en plus des sept (7) sacrements de l'Église Catholique romaine, il faudra connaître les autres sacrements-signes de Jésus Christ dont nous avons parlé plus haut et qui sont des moyens de grâce divine offerts aux humains, chrétiens ou non, de tout temps et de tout lieu, pour rencontrer Jésus-Christ, l'unique sauveur du monde. Nous sommes dans **le temps maintenant** c'est-à-dire dans **le temps des sacrements**. En d'autres termes encore, après le temps pascal, c'est **le temps de l'Esprit Saint**, qui est aussi **le temps de l'Eglise et celui des sacrements** (=signes, symboles, rites, cérémonies, liturgie, Écritures, gestes et paroles). Toute célébration sacramentelle est **un mémorial de la Pâque de Jésus Christ**. C'est dire, en d'autres mots, que, chaque fois que nous célébrons un sacrement (surtout l'Eucharistie) nous participons au mystère de la passion, de la mort et de la résurrection du Seigneur Jésus Christ, source de notre salut. Vivons donc des sacrements du Dieu de Jésus-Christ et nous serons sauvés ici et maintenant. Les sacrements vécus et partagés sont autant de moments où Jésus ressuscité se donne à nous. Dieu fait irruption dans nos vies ordinaires par des moyens sacramentels. Les sacrements sont des moyens de rencontre avec notre Dieu : Dieu-avec-nous, et nous-avec-Dieu, au moyen des sacrements ici-bas, jusqu'à ce que ceux-ci nous introduisent dans le face à face visible et éternel avec le Seigneur Jésus-Christ, dans l'au-delà ancestral et divin. Nous en tirerons trois conséquences suivantes :

4.8. 2. Le temps des sacrements est le temps de l'attente du Jour du Seigneur.

La vie chrétienne peut se définir comme une **attente du Jour du Seigneur**. Si bien que le chrétien ou la chrétienne n'attend qu'une seule chose : paraître devant le Seigneur Jésus-Christ et se rassasier de sa présence bienfaisante ici-bas et au ciel, en compagnie de tous les Élus de Dieu. Marie, la sœur de Marthe et Lazare, assise aux pieds de Jésus et écoutant sa parole, a choisi la meilleure part : elle ne lui sera pas enlevée (Lc 10, 39-42). Cette attitude de Marie exprime bien toute aspiration religieuse et chrétienne : « Comme un cerf altéré cherche l'eau vive, ainsi mon âme te cherche, toi, mon Dieu. Mon âme a soif de Dieu, du Dieu vivant. Quand pourrai-je m'avancer, paraître face à Dieu ? » (Ps 42 (41), 2-3). **Ce sera le Jour du Seigneur** ! C'est-à-dire le jour de notre repos éternel, de notre face à face éternel avec le Dieu vivant. Voir Dieu, l'entendre, le toucher, le contempler face à face, et être pour toujours avec lui (1 Th 4, 17), voilà le bonheur de tout croyant. Voilà notre destination finale ! Marie a choisi la meilleure part : elle ne lui sera pas enlevée (Lc 10, 39-42).

Le temps des sacrements est le temps où nous aimons Jésus-Christ sans l'avoir vu, et nous croyons en lui sans le voir encore. Mais, nous espérons le voir face à face au-delà de ce temps sacramentel transitoire et nécessaire (1 P 1, 8).

Chaque célébration eucharistique dominicale est déjà une anticipation du Jour du Seigneur.

4.8. 3. Le temps des sacrements est le temps de la médiation nécessaire.

Les sacrements disent et expriment d'abord qu'il y a un au-delà de ce que nous voyons et que nous faisons, c'est-à-dire un visible/invisible, un signifiant/signifié. Ils disent et indiquent "un ailleurs", "un autre que soi-même". Ensuite que l'on ne peut pas voir Dieu visiblement ni entrer de manière immédiate en communication avec Dieu, « le seul qui possède l'immortalité, qui habite une lumière inaccessible, que nul homme n'a vu ni ne peut voir » (1 Tm 6, 16). "Aucun être humain ne peut le voir de face et rester en vie"(Ex 33, 20).En d'autres termes encore, la médiation sacramentelle que sont les envoyés, les prophètes, l'Eglise-personnes-vivantes, tout être humain, les pauvres, les malheureux, les petits, les signes, les symboles, les gestes, les paroles, les Écritures, etc... est nécessaire, indispensable et incontournable, en ce temps de l'Église, sacrement de Jésus-Christ, mort et ressuscité. « Le Verbe s'est fait chair et il a habité parmi nous » (Jn 1, 14). Et il nous a montré les signes de sa présence parmi nous : « En vérité, en vérité, je vous le déclare, chaque fois que vous l'avez fait à l'un de ces plus petits, qui sont mes frères, c'est à moi que vous l'avez fait, et chaque fois que vous ne l'avez pas fait à l'un de ces plus petits, c'est à moi, non plus, que vous ne l'avez pas fait » (Mt 25, 40.45).

Le monde présent est le lieu eschatologique du corps ecclésial du Christ ressuscité, en construction et en croissance, sous l'action de l'Esprit Saint, jusqu'à la deuxième venue du Christ dans la gloire. Aussi, devrons-nous apprendre aux hommes et aux femmes d'aujourd'hui à s'unir à Jésus-Christ et comment s'unir à Jésus-Christ, pour que tous ensemble nous parvenions à notre salut et à celui du monde entier. C'est cela aussi la nouvelle évangélisation de ce monde actuel de plus en plus sécularisé.

En bref, comme je l'ai dit plus haut, la réalité invisible (ici Dieu, Jésus-Christ ressuscité, Esprit Saint, réalités célestes : anges, saints et saintes de Dieu), ne s'atteint et ne se fait voir, toucher, goûter, entendre et contempler que dans et par ses signes, ses symboles et ses sacrements. La médiation sacramentelle est vraiment nécessaire et inévitable en ce temps présent appelé **le temps de l'Église ou le temps des sacrements ou le temps maintenant** ou encore **le temps de la foi-espérance-charité.**

Et après **le temps maintenant ou le temps sacramentel**[29] **présent**, qu'y a-t-il ? Le néant ou quelque chose ? Que nous en disent les sacrements ?

---

[29] Je préfère ici le terme « sacramentel » à sacramentel pour désigner le temps des sacrements= le « temps sacramentel ».

4. 8. 4. Les sacrements et l'au-delà divin.

Écoutons l'apôtre Paul qui nous donne la garantie et le fondement de notre foi et de notre espérance en l'existence d'un au-delà divin, en ces termes : « Si nous avons mis notre espérance en Christ pour cette vie (terrestre) seulement, nous sommes les plus à plaindre de tous les tous hommes » (1 Co 15, 19). Jésus Christ, mort et ressuscité, est assis auprès de Dieu, son Père et notre Père, « Source d'eau vive », qui coule et qui n'arrêtera jamais de couler. C'est là qu'il nous appelle à le rejoindre à la fin de notre existence terrestre. « Je pars vous préparer une place dans la maison de mon Père ; et là où je suis, vous serez aussi avec moi» (Cf Jn 14, 3). Depuis l'événement pascal du Christ, toute mort humaine est devenue une Pâque, un passage d'ici-bas à l'au-delà divin. Telle est notre espérance dans le Christ, le Crucifié vivant à jamais.

En d'autres termes encore, au-delà du temps « sacramentel » présent et de la mort humaine, il y a le futur de Dieu qui est l'au-delà spirituel (divin), ou le Royaume de Dieu ou l'invisible de Dieu. « Car, nous n'avons pas ici-bas de cité permanente, mais nous sommes à la recherche de la cité future » (He 13, 14), la Jérusalem céleste vers laquelle nous marchons tous ensemble.

Les sacrements ont précisément pour but de relier à l'au-delà divin, d'établir un contact ou une relation avec l'invisible de Dieu. Ils font passer du provisoire ou du transitoire au définitif et au permanent. Ce que nous voyons et admirons ici-bas, aujourd'hui, ne restera pas tel quel. Tout ce monde de péché sera détruit pour faire place à un nouveau monde de Dieu pour toujours. (Cf Lc 21, 5 ; 2 P 3, 10-13). Tel est le caractère provisoire et relatif du temps présent et de tout ce qui s'y trouve. Au-delà de ce temps présent se trouvent l'Absolu et le monde renouvelé, transfiguré, définitif et permanent.

En outre, les sacrements indiquent qu'il y a un lien de réciprocité entre l'ici-bas et l'au-delà, entre la terre et le ciel, c'est-à-dire entre le monde des humains et le monde de Dieu, un lien de piété et de solidarité entre les humains de la terre et les êtres spirituels du ciel. Ceux-ci prient avec les humains et en faveur des humains de la terre. La terre et le ciel communiquent par Jésus Christ, le Crucifié-Élevé : Les élus et les messagers de Dieu montent et descendent par Jésus Christ, le Fils de l'homme, élevé sur la croix, pour le salut et la vie en abondance des croyants (Cf Jn 1, 51 ; 3, 13-17).

Ainsi, **nous croyons à la communion des saints,** c'est-à-dire à la solidarité de tous les membres du Christ, vivant sur la terre et dans le ciel auprès de Dieu. La communion des saints exprime cette unité de foi dans le corps mystique du Christ qui me lie aux vivants de la terre partageant ma foi et à ceux qui ont rejoint déjà le royaume du ciel. La paix par la Croix du Christ, c'est la paix faite dans le sens à la fois vertical et horizontal, c'est-à-dire entre Dieu et les humains et les humains entre eux-mêmes. Max Thurian dit ceci : « La communion des saints unit tous les chrétiens dans une même prière, dans une même vie en Christ ; elle unit l'Église d'aujourd'hui à celle de tous les temps, l'Église militante sur la terre à l'Église triomphante dans le ciel » (Max Thurian, *Marie, mère du Seigneur. Figure de l'Église*, Foi vivante, 1968, P. 297).

En Jésus Christ, tous les humains sont unis et solidaires. Et il y a entre les fidèles du Christ une charité de prière qui consiste à prier les uns en faveur des autres.

Signalons cependant, pour terminer, que beaucoup d'hommes et de femmes d'aujourd'hui ne croient plus à l'invisible de Dieu. C'est vrai et cela se comprend. En effet, beaucoup de nos contemporains vivent dans et de la culture de l'éphémère, de l'immédiateté, de l'apparence et du visible. Cette culture de la modernité ou de l'ultra-modernité a produit une société voire un monde, incapable d'avoir un passé et un futur. Le temps à trois dimensions : passé, présent et futur est réduit uniquement à l'instant présent, à une seule dimension. L'Occident sécularisé et (re)-paganisé d'aujourd'hui vit dans ce que Virilio appelle « le temps mondial », c'est-à-dire le présent unique qui remplace le passé et le futur. En effet, l'effacement du passé et de l'avenir (futur) réduit le temps au présent immédiat et éphémère. Ainsi pour tous ceux et celles qui vivent de cette culture moderne ou ultra-moderne suscitée, la pensée d'un au-delà du visible ou d'une vie future de l'au-delà divin, a très peu (ou pas du tout) d'écho. Pour eux et chez eux, il n'y a rien au-delà du visible et du temps « sacrementel » présent. C'est le néant total !

Pour les croyants, c'est tout autre chose. Dieu est le Vivant et la Source d'eau vive qui coule et qui n'arrêtera jamais de couler ! Le temps à trois dimensions est un autre nom de Dieu « qui était, qui est et qui vient » (Ap 4, 8). Ce Dieu-avec-nous-les humains » (Mt 1, 23), est « le même, hier et aujourd'hui et pour l'éternité » (He 13, 8). Seul Jésus Christ, « l'Alpha et l'Oméga » (Ap 1, 8), « le chemin et la vérité et la vie » (Jn 14, 6), donne valeur, sens, direction, but et finalité, à toute histoire et à toute vie humaines.
En bref, le message chrétien est le suivant : Au terme de tout ce que nous voyons et que nous vivons ici-bas, il y a, non pas le néant, mais le Dieu-Vivant qui est l'Alpha et l'Oméga, le début et la fin de toutes choses.

Que conclure à la fin de ce parcours de réflexion et de méditation sur les nombreux sacrements-signes de la présence du Dieu incarné pour le salut des humains et du monde-cosmos ?

CONCLUSION GENERALE

Nous voici au terme de notre réflexion chrétienne sur les sacrements. Nous conclurons par les quatre points ci-dessous.

1. « La Parole a été faite chair, et elle a habité parmi nous » (Jn 1,14)

Dieu en la personne de Jésus de Nazareth a pris un corps humain pour demeurer en nous et parmi nous les humains. Qu'est-ce que le corps ?

« Le corps, c'est la manifestation d'une présence. Par notre corps, nous sommes là, dans le monde, en un lieu et en un temps ; nous devenons capables d'entrer en relation avec les autres humains et avec le cosmos tout entier, nous nous enrichissons de leur présence et eux, de la nôtre »[30]. Le corps est un tout dont tous les éléments sont (re)-liés les uns aux autres. Le rôle du rite est précisément de (re)-lier tous ces éléments et de les maintenir reliés, renouvelés, vivants et dynamiques.

Jésus-Christ glorifié est présent à son Eglise, présent aux humains et présent au monde – cosmos. En bref, pour demeurer dans le cœur et au milieu des siens et de tous les humains, Jésus-Christ s'est fait **Eucharistie**. En effet, l'Eucharistie est bien le sacrement du corps et du sang du Christ. Le sacrement – corps – du – Christ nous renvoie (nous fait penser) au corps – humain glorifié du Christ, au corps eucharistique pain et vin – du – Christ et au corps ecclésial du Christ.

Certes, le Christ accomplit de multiples façons sa promesse d'être avec les siens pour toujours jusqu'à la fin des temps (Mt 28,20), mais le mode de présence du Christ dans l'Eucharistie est unique, primordial et essentiel. « Ceci est mon corps…. Ceci est mon sang » : c'est une présence réelle, corporelle, substantielle, essentielle du Christ dans et parmi les siens et dans le monde d'aujourd'hui.

« Celui qui mange ma chair et boit mon sang demeure en moi et moi en lui » (Jn 6, 56). Le Christ habite, non seulement parmi nous, mais aussi nos cœurs par son pain de vie reçu, mangé et demeurant en nous; par sa parole écoutée, accueillie, méditée et ruminée en nous; par sa loi d'amour gravée sur nos cœurs. S'il habite nos cœurs, cela signifie que nous sommes, tous et chacun, le temple ambulant de Dieu, c'est-à-dire notre cœur est le lieu de rencontre de Dieu avec les humains et de ceux-ci entre eux-mêmes, comme lui, le Christ, est la demeure de Dieu et des humains (Jn 2, 19-21).

Si nous portons Dieu et les autres dans nos cœurs, cela signifie concrètement que nous devrons aimer Dieu et nos frères et sœurs en humanité et en Christ. On ne peut pas aimer Dieu si l'on n'aime pas son prochain. On ne peut pas communiquer avec Dieu si l'on ne communique pas avec autrui.

Le Christ, époux de l'humanité (Jn 3, 29 ; Eph 5, 21-33 ; Ap 21, 2) veut pénétrer et féconder le cœur de chacun des humains, afin que son Esprit de Ressuscité produise en tout un chacun des humains des fruits spirituels que voici : « amour, joie, paix, patience, bonté, bienveillance, foi, douceur, maîtrise de soi » (Ga 5, 22-23). Il se veut l'époux de chacun des humains pour construire une nouvelle humanité pour un monde nouveau.

2. Le monde nouveau à construire

L'Eucharistie révèle aux fidèles du Christ ce que les humains doivent devenir :

– Une offrande et une louange au Dieu-Créateur. C'est pourquoi, dès maintenant, vous devrez « vous offrir vous-mêmes en sacrifice vivant, saint et agréable à Dieu : ce sera là votre culte spirituel » (Rm 12, 1).

– Une communauté de frères et sœurs dans le **corps du Christ.** C'est en faisant la volonté du Père céleste que l'on devient frère, sœur et mère de Jésus-Christ : « Quiconque fait la volonté de mon Père qui est aux cieux, c'est lui mon frère, ma sœur, ma mère. » (Mt 12, 50). - Une communauté où Dieu règne, et dans et sur laquelle il a primauté et priorité, c'est-à-dire une

---

[30] BEGUERIE, P. et DUCHESNEAU, C., Op. Cit., P. 112

communauté d'hommes et de femmes rassemblés par et dans l'amour, vivant pour Dieu et vivant les uns pour les autres,

– une communauté, sacrement du Royaume de Dieu, où résident la justice et la paix au sens hébreu du terme de shalom[31], don de Dieu offert aux humains unis au Christ dans l'Esprit Saint.

Voilà le devenir de l'humanité que les fidèles du Christ ont pour mission de construire ici et maintenant. Car, ils sont les signes visibles du Christ ici-bas.

3. Les fidèles du Christ sont les sacrements du Christ

Les autres sacrements sont également les modes de présence de Jésus-Christ parmi les siens et dans le monde d'aujourd'hui.

Un baptisé ou un confirmé est un "autre Christ" c'est-à-dire un sacrement du Christ qui a dit à Paul sur la route de Damas : « Je suis Jésus que tu persécutes » (Ac 9, 5). L'évêque ou le prêtre est le sacrement du Christ -Tête.

Les sacrements de réconciliation et de mariage révèlent que notre Dieu est un Dieu de l'alliance. Il fait alliance avec chacun des humains et il invite ceux-ci à la faire entre eux-mêmes, il appelle l'homme à faire alliance avec la femme et vice versa. Tout chrétien souffrant ou tout être humain souffrant est sacrement de Jésus-Christ souffrant, accablé des souffrances, des maladies et des infirmités des humains le Vendredi Saint. Celui qui souffre est le sacrement de Jésus-Christ souffrant et celui qui l'assiste et le guérit est sacrement de Jésus-Christ qui prend soin des souffrants (Lc 7,18-23).

Dans nos relations interpersonnelles, nous sommes les uns pour les autres, chrétiens ou non, le sacrement de Jésus-Christ présent agissant et se manifestant au milieu de nous ici et maintenant. En bref, l'étude des sacrements nous a révélé, de manière particulière, que l'Église tout entière est sacrement du Christ, l'Église c'est-à-dire membres et Tête, tous sans exception aucune et chacun à la place qu'il occupe dans ce tout qu'est le corps du Christ, sont sacrements du Christ. C'est pourquoi tous, clercs, consacrés et laïcs doivent s'efforcer de devenir disciples du Christ. En effet, marcher à la suite du Christ n'est pas du tout l'apanage d'une catégorie de chrétiens et chrétiennes, comme ce fut le cas dans le passé. Dommage ! Tous les baptisés, mieux encore, tous les fidèles du Christ : Évêques, Prêtres, Diacres, Consacrés et Laïcs, tous sont appelés à la sainteté et à la perfection chrétienne. Tout sacrement comporte la notion d'engagement durable par serment à Dieu à qui on se donne et qu'on veut suivre durant sa vie tout entière. Ainsi, il faudra célébrer régulièrement les sacrements de la foi vivante et dynamique.

4. La communauté chrétienne se produit par la célébration de ses sacrements

Dieu se sert des personnes humaines, des gestes humains, des paroles humaines qui accompagnent les actions rituelles et liturgiques, des objets matériels (Autel, pain et vin, Croix, Cierge pascal) et en fait les signes de sa présence pour se donner aux humains.

---

[31]La paix au sens hébreu du terme « **shalom** », comme au sens bhete du terme « **popoè** », désigne le bonheur, le bien-être de l'existence quotidienne, l'état de l'homme qui vit en harmonie avec lui-même, avec Dieu, avec les autres et avec la nature (le cosmos). En bref, le « **shalom** », c'est la bénédiction, le repos, la gloire, la richesse, le salut, la santé et la vie.

   En nous donnant **la paix (le shalom) et l'Esprit St (Jn 14, 27),** le Christ ressuscité nous donne une grande responsabilité, c'est-à-dire une mission, un travail à accomplir dans le monde présent. Nous devons être des artisans de paix dans le monde d'aujourd'hui, là où nous sommes.

Certes, Dieu agit dans le monde en dehors des sept (7) sacrements ordinaires de l'Église catholique romaine. Mais ces sept sacrements sont le mode privilégié selon lequel Dieu atteint l'être humain au plus profond de lui-même, tant dans sa vie individuelle que dans sa vie sociale. Il faut donc les célébrer régulièrement.

Posons une question banale, peut-être : Une Église particulière locale où l'on ne célébrerait plus du tout, les sacrements de l'Église catholique, que deviendrait-elle ? Eh bien, elle disparaîtrait progressivement, sûrement et complètement, me semble-t-il.

L'Église, sacrement du Christ vivant, entretient sa vie, se perpétue et se produit elle-même par des actions liturgiques. En d'autres termes encore, une communauté ecclésiale paroissiale, et même diocésaine, n'est vivante et dynamique que si elle célèbre régulièrement les sacrements de la foi. Dieu recrée et renouvelle son Église par sa parole et ses nombreux sacrements.

BIBLIOGRAPHIE

1. BALANDIER, G., Le pouvoir sur scènes, Paris, Balland, 1980, 188p.
2. BASTIDE, R., « La mythologie », in Ethnologie générale, Paris, Gallimard, PP. 1037-1090
3. BEGUERIE, Ph., sur le chemin des hommes, les sacrements, Paris, Cerf, 1974, 91p.
4. BEGUERIE, Ph., DUCHESNEAU, C. Pour vivre les sacrements, Paris, Novalis-Cerf, 1991, 219p.
5. CAZENEUVE, J., sociologie du rite, Paris, PUF, 1971, 334p.
6. CHAUVET, L.M., Symbole et sacrement. Une relecture de l'existence chrétienne, Paris, Cerf, 1987, 581p.
7. CHAUVET, L.M., Les sacrements. Parole de Dieu au risque du corps, Paris, Ed. Ouvrières, 2003, 216p.
8. CHIRPAZ, F., « L'expérience du sacré selon Mircéa Eliade », in Etudes, Juin 1984, Paris, PP. 789-801.
9. CLAVIER, H., Les expériences du divin et les idées de Dieu, Paris, Fischbacher, 1982, 488p.
10. COCO, P.D., « Notes sur la place des morts et des ancêtres dans la société traditionnelle (Fon, Gen, Yoruba du Bas-Dahomey) », in Colloque de Cotonou, 12-16 Août 1970 : Les religions africaines traditionnelles comme source de valeurs de civilisation, PP. 226-237.
11. DE SOUZENELLE, A., « Va vers toi ». La vocation divine de l'Homme, Paris, Albin Michel, 2013, 207p.
12. DURKHEIM, E., Les formes élémentaires de la vie religieuse, Paris, PUF, 1960 (7ème Ed. 1985), 647 p.
13. ELIADE MIRCEA, Traité d'histoire des religions, Paris, Payot, 1964, 390p.
14. Encyclopaedia Universalis, Vol., article Rite, PP.-285
15. GNALLY-a-TIEPE Jeku, R., Anthropologie religieuse africaine. Le cas du « gluzilξ » bhete de la Côte d'Ivoire, Abidjan, 1995, 226p.
16. GNALLY-a-TIEPE Jeku, R., Jésus-Christ, mon compatriote. Ce Jésus de Nazareth qu'on appelle Christ ou Messie, Abidjan, Edic+, 2004, 131p.
17. GREISCH, J., Le rite, Paris, Beauchesne, 1981, 246p.
18. KIRCHGASSNER, A., La puissance des signes, Paris, Mame, 1962, 726p.
19. KÜNG, H., le christianisme. Ce qu'il est et ce qu'il est devenu dans l'histoire, 1999, 1187p.
20. GUILLET, J., De Jésus aux sacrements, in Cahiers Evangile, N° 57, 67p.
21. Le GUILLOU, M.J., Entrons dans l'Eucharistie du Seigneur, Paris, Ed. Parole et Silence, 1999, 117p.
22. LEVISTRAUSS, C., La pensée sauvage, Paris, Plon, 1962, 349p.
23. MARTELET, G., Deux mille ans d'Eglise en question. Crise de foi, crise du prêtre, Paris, Cerf, 1984, 296p.
24. MENDRAS, H., Éléments de sociologie, Paris, Armand-Collin,, Coll U, 1975, 265p.
25. MESLIN, M., Pour une science des religions, Paris, Seuil, 1973, surtout les PP. 170-262 : l'analyse structuraliste et le symbolisme religieux.
26. NANGE KUDITA WA SESEMBA, « Paroles et gestes dans la culture Cokwe : une lecture sémantique de l'invisible dans le visible », in Colloque d'Abidjan, ICAO, 16-20 Septembre 1980, PP.359-420.
27. REY-MERMET, T., Croire. Vivre la foi dans les sacrements, Limoges, Droguet et Ardent, surtout les PP. 7-58
28. SESBOÜE, B., La théologie au XXe siècle de la foi. Entretiens avec Marc Leboucher, Paris, Desclée de Brouwer, 2007, 391p.
29. RICOEUR, P., « Poétique et symbolique », in Initiation à la pratique thélogique t1, PP. 37-83.

30. THEO
31. THOMAS, L.V., Rites de mort. Pour la paix des vivants,Paris, Fayard, surtout les PP. 7-16.
32. THOMAS, L.V., et LUNEAU, R., La terre africaine et ses religions, Paris, l'Harmattan,1980, surtout les PP. 203-262 : « Les rites et la vie de l'homme ».
33. VALLET, O., « Le sacré et le honteux », in Études théologiques et religieuses, N°4/14/88, PP. 579-582.
34. VAN GENEP, A., Les rites de passage, Paris, Picard, 1981, 288p.
35. VATICAN II
36. VIDAL,.M., A quoi sert l'Église ?, Paris, Bayard, 2008, 234p.

TABLE DES MATIERES

www.ingramcontent.com/pod-product-compliance
Lightning Source LLC
Chambersburg PA
CBHW031934080426
42734CB00007B/683